ダンディハウス
&ミスパリの秘密

下村朱美
シェイプアップハウス代表取締役

MISS PARIS
DANDY HOUSE

Art Days

1986年、ニューヨークのクリスティンバルミーシデスコ国際スクールにて。担当講師と著者。

1986年10月、日本初の男性専用サロン「ダンディハウス梅田店」（大阪市）オープンの時のポスター。

1990年に「ミス・パリインターナショナルスクール」（大阪）を開校以来、エステティシャン養成に力を注いできた。写真は2009年、「ミスパリエステティックスクール東京校」での実習風景。

2005年、「ダンディハウス」のイメージキャラクターにリチャード・ギアを起用。

2007年、「ダンディハウス」イメージキャラクターに桑田佳祐（サザンオールスターズ）を起用。

2007年、「エステティック ミスパリ」「ミスパリエステティックスクール」イメージキャラクターに藤原紀香を起用。

2009年5月、海外初出店。「ミスパリダイエットセンター」が香港にオープン。香港セントラル店（中環店）の入り口の写真。

「ミスパリダイエットセンター 香港セントラル店」のオープニングセレモニー（プレス発表会）には、イメージキャラクターの藤原紀香さんも駆けつけてくれた。

2005年、世界優秀女性起業家賞を受賞した著者。カナダ・バンクーバーの授賞式にて、夫のマルコ副社長と。

2008年、日刊工業新聞社主催第26回優秀経営者顕彰『女性経営者賞』を受賞した著者（エステティック業界初の受賞）。

ダンディハウス&ミスパリの秘密

目次

まえがき　10

1章　成功の秘訣——お客様の喜ぶことをやってきた　13

お客様の喜ぶことをやってきた　15
お客様を怒らせたり悲しませると会社は潰れる　16
エステティック業界を先取りしてきたシェイプアップハウス　17
やるべきことはお客様が教えてくれる　19
お客様が期待してくださる会社になる　21
お客様を幸せにするには、社員が幸せでなければ　22
経営者は社員が幸せに仕事ができるよう努力する　23
社員に幸せになってもらうには　24
お客様と会社がお互いに必要とされる存在になる　26
店舗を増やすことは目的ではない　27
今のお客様を大事にする　28
正直に商売をすれば、ちゃんと売り上げは伸びる　29
70%しか伝わらないから、独自のやり方で　31

2章 私の原点、シェイプアップハウスを作るまで 35
物知りだった祖父 37
応援団長だった中高時代 37
池坊で4年間学ぶ 38
アメリカへ留学 39
手探りの化粧品販売の仕事 40
エステティックサロンを始めたきっかけ 41
美顔講習会で自分の不器用さに驚く 43
不器用だったからこその教え上手 45

3章 大切なことはみんなお客様から教わった——シェイプアップハウスの歴史 47
明確な理論を持つエステティックサロンを作りたい 49
25歳、600万円の貯金を元手に 51
みなさんに助けられてやっとオープン！ 54
シェイプアップハウスの出発 56

理論に基づいた痩身コースは抜群の効果を出す　58
痩身法が話題に　61
トリプルバーン痩身法とは？　63
母の死で仕事への覚悟　68
八四年、㈱シェイプアップハウス設立　70
「人」にはとことん苦労した　71
初めての男のエステ「ダンディハウス」を作る　72
「日本初」の衝撃と過熱報道　73
世界的にも珍しかった男のエステ　75
痛みには弱いが、理論で納得する男性のお客様　76
紹介が多い男性のお客様　77
ダンディハウスのサービス　78
新卒採用を始める　82
結婚で肩の荷が半分に　84
二人の子供を出産　86

不安神経症を患う　87
ミスパリエステティックスクール開校　89
調剤薬局「漢方倶楽部」オープンと撤退　91
阪神淡路大震災で感じたお客様のありがたさ　93
リスク分散で東京へ　94
シェイプアップハウスをミスパリと改名　96
大卒の採用を始める　97
スパ・ゲストハウスをオープン　99
ミスパリダイエットセンターが誕生　102
『世界優秀女性起業家賞』受賞　105
ボランティアでエステティックの技術を生かす　107
エステティック専門学校を作る　108
ミスインターナショナルを驚かせたエステティック　111
25周年の目標は「世界一受けたいエステをつくる」　112
シェイプアップハウスの六つのブランド、五つのサービス　113

4章　他の会社と違うことをやってきた　123

97%が認定エステティシャン　125
一流のエステティシャンを育てたい　127
いいエステティシャンを育てなければ業界の発展はない　129
三百時間でもまだ足りない　130
他社と違うのは「信頼感」　133
「メイドインミスパリ」——自分達が使っていいものだけを勧める　135
手間とお金がかかっても新卒の正社員が一番の戦力　136
若い人を支えてきた中途入社社員の存在　139
派遣社員や契約社員にお客様は預けられない　141
シェイプアップハウスの社員のタイプ　141
筋の通らない売り上げを作らない　144
卑賤な人物は採用しない　146
いい社員がいれば、いいお客様が集まる　147
お客様達からの応援　149

「ダンディハウス化粧品」「ミスパリ化粧品」 151
確かなデータがなければ施術しない、化粧品も売らない 152
永久脱毛導入にも2年 155
最高レベルの施術のため常に改良を重ねる 157
内定は取り消さない 159
女性社員は子供を産んでタフになる 161
育児との両立は仕事にプラス 163

5章 社長として取り組むこと 165

社長としていつも考えている事 167
同じ価値観を持った人達と働きたい 169
嫌いな人と仕事をしても上手くいかない 170
「人生を預かった」社長の覚悟は大きい 173
経営に大切なことは…… 174
癒しを与えてくれるサロンでありたい 176
技術者にもお客様にもなりきる 180

『女性経営者賞』を受賞　182

6章　これからもシェイプアップハウス　185

エステティックの世界事情――サービスはアジア、知識はヨーロッパ　187
欧米ではプライドを持って働いている　189
日本はすでに世界レベル　191
世界のエステやスパは日本人ばかり　194
日本のスパを世界に広げたい　196
エステティックの良さを知ってもらいたい　198
エステティックは心も美しくする　200
エステティックは色々なことに影響を与えられる　203
今後もお客様第一主義を徹底　205
エステティシャンの地位向上とエステティックの未来　207

シェイプアップハウスの沿革／その他　211

ダンディハウス&ミスパリの秘密

まえがき

「やせる専門店シェイプアップハウス」（のちに「エステティック ミスパリ」に名称変更）をオープンしたのは、一九八二年。それから、27年が経ちました。その間に、男のエステの「ダンディハウス」、痩身専門の「ミスパリダイエットセンター」、リラクゼーションの「スパ・ゲストハウス」などのブランドが増え、社員も900名になりました。

27年間、私はひたすら、「お客様の喜ぶこと」、「社員の幸せ」、「エステティシャンの地位の向上」を考えて、働いてきました。

ある芸術系大学の教授に、「美しいということは、それだけで尊いこと。だから美しい人を作るエステティシャンの仕事は尊いのだ」と言って頂いたことがあります。

その時、私は鳥肌が立つほど感動し、嬉しく思いました。

美しいことは尊いことなのです。美しい女性は見ているだけで気持ちがいいし、同様に素敵な男性を見ても、周りの人達はいい気持ちになります。

いい音楽や絵画、演劇など、素晴らしい芸術作品に出合った時は感動があります。それと同じように、美しい人を見ても感動があります。

そしてエステティックは美しい人を支えてきました。

「エステティックで外見だけ磨いても……」という人もいますが、エステティシャン達が、一生懸命に施術をし、一生懸命に美顔や痩身の指導をし、一生懸命にお客様の話を聞くと、お客様は、「こんなに一生懸命施術してくれて、しかも、優しくしてくれて嬉しい」とおっしゃいます。嬉しい気持ちは周りの人に優しく接することにつながり、その優しさはまたたくさんの人たちに伝播してゆきます。そして、そんなことが仕事にも日常の生活にも、色々なことに良い影響を及ぼしていくようになるようです。

そのように、エステティックは人の外見も心も美しく優しくしながら、幸せな人を作ることができるのです。

私はそのようなエステティックの素晴らしさを、多くの人に知ってもらいたい、そして、エステティシャンがいかにたくさんの勉強をしてエステティックの技術を磨き、一生懸命に仕事をしているか、それも知って頂きたいと思ってこの本を書きました。そのこと自体が「ダンディハウス」と「ミスパリ」（ともにシェイプアップハウスが運営）の秘密なのだと思います。

エステティックはまだ世間に認めてもらえない部分もあります。ですから、私がどのようにエステティックの世界に入り、女のエステの「ミスパリ」や男のエステの「ダンディハウス」を作り、エステティシャンの技術を高めてきたのかという、当社の成長の歴史も書きました。ダンディハウスを始めとしてシェイプアップハウスが、お客様の声を聞き、社員の技術を磨くことによって、成長してきたことを理解して頂けると思います。

この本を読んで頂くことによりエステティックとエステティシャンへの理解を深め、エステティックのファンをひとりでも増やすことができましたら、幸いです。

二〇〇九年十月

下村朱美

1章　成功の秘訣

――お客様の喜ぶことをやってきた

「ダンディハウス」や「ミスパリ」はなぜ成功したのか？
それはひたすら、「お客様の喜ぶことをやってきた」
――そのひと言に尽きるのです。

お客様の喜ぶことをやってきた

一九八二年に「やせる専門店 シェイプアップハウス」（二〇〇〇年に「エステティックミスパリ」に名称変更）を大阪にオープンして以来、「シェイプアップハウスが成長し続けている秘密はなんですか?」とよく聞かれます。

しかし、特にこれといって、成功の秘訣のようなものは思い浮かびません。私達はただ「お客様の喜ぶこと」をやってきただけなのです。

私は明確な理論を持つサロンを作りたいと思って、シェイプアップハウスをオープンしました。そして、お客様から「通うのが大変だからうちの近くにも作って」と請われて支店を出し、「うちの夫も痩せさせて」と頼まれてダンディハウスを作り、「脱毛もしたい」と相談されて脱毛技術を学び、「眠りたい。ゆっくりしたい」と言われてスパ・ゲストハウスを作り、「厳しく痩せさせて」と言われて痩身専門のミスパリダイエットセンターを作りました。

そうやって、お客様が望んだことをひとつひとつ、積み上げてきたことによって当社は発展してきました。お客様も「私の期待に応えてくれるサロンだ」と思って下さっているからこそ、10年も20年も通って下さるのだと思っています。

お客様を怒らせたり悲しませると会社は潰れる

最近、会社が成功するためのハウツー本がたくさん出ていますし、世の中には多くの経営コンサルタント会社があり、これが新しいとか、こうすれば上手くいくとか、会社経営や社員教育をアドバイスしてくれます。また、私達の会社が成長すると、経営コンサルタントは「成長の理由」を後からたくさん理屈付けてくれます。しかし、会社経営の基本は「お客様の喜ぶことをやる」——これに尽きると思います。

お客様が悲しんだり怒ったりなさるようなことをしていたら、お店は続きません。お客様が喜んで下さって、お客様が将来に対しても期待して下さるからこそ、ダンディハウスやミスパリ（ともにシェイプアップハウスが運営）は存在し続けることができるのです。

まっとうなことをやることが、一番大事なことでしょう。

お客様が喜び、社員が喜んで働いてくれる会社でありたいと思っています。

エステティック業界を先取りしてきたシェイプアップハウス

ダンディハウスとミスパリを経営しているのは株式会社シェイプアップハウスです。

私達の会社は、どこよりも早く「ダンディハウス」という男のエステサロンをスタートさせ、四年制大学の新卒エステティシャンの育成を始め、新卒者のエステティシャン教育プログラム開発と実践に力を注ぎ、エステティックの効果検証を行い、という具合に他のエステティックサロンよりも早くさまざまなことに取り組んできました。「なぜ先取りができるのか」「どのようなアンテナを張っているのか」とよく聞かれます。

もちろん、世界中の有名なスパやエステティックサロンのほとんどに行き、様々な体験をして勉強してきました。しかし、当社がやるべきことの基本は、お客様と社員が教えてくれます。「どうしたらうちのお客様が喜ぶかな」「どうしたらうちの社員は喜ぶかな」——そんなことをいつも考えています。

私のところへは、毎日色々な報告書が届きます。

「今日はこんなお客様がいらっしゃった」「こんなことをおっしゃっていた」というような報告書もあり、それを見て「ああ、お客様はそう思っていらっしゃるんだ」と知ることができます。

例えば「施術中寒い」「最近、靴下を履くのが大変になった」「ロッカー室に鏡があったらいいのに」といったお客様の声を聞けば、「では、全ベットに温マットを入れよう」「ロッカー室に椅子を置こう」「鏡をつけよう」と考えるのです。

私はお店をまわっていますから、直接にエステティシャンと話したり、お客様に色々と伺ったりすることでも情報を得ています。

そんなふうにお客様や社員が望んでいることを聞いていると、何をすればいいのかがわかり、では次にこれをやろうと決めていくことができるのです。

お客様と社員の声を聞き、お客様が喜ぶもっといいサロンを作りたい、そんな事をずっと考えてやってきたら、それがたまたまエステティック業界の中で早かったということなのでしょう。

ですから、新しいものがあるから積極的に取り入れようとしてきたというよりも、お客様からの要望があって、勉強をして、新しいものを作り出してきたのだと思います。私達が新しいものを探すのではなく、お客様がやるべきことをいつも教えて下さいました。

やるべきことはお客様が教えてくれる

一九八二年、「やせる専門店 シェイプアップハウス」（二〇〇〇年に「エステティック ミスパリ」に名称変更）はオープンしました。22坪で保証金２００万円、家賃11万円。10年以上倉庫として使われてきた部屋を改造した小さなサロンでしたが、シェイプアップハウスは、にこにこと笑って通って下さる素敵な女性のお客様で溢れていました。

素敵なお客様方に、たくさんの励ましを頂きながら、この方達にもっと喜んで頂けるよう一生懸命勉強しよう、資格もとろう、技術も練習してもっと上手になろうと、そのことばかりを考え、スタッフともそう語り合って来た27年間でした。

シェイプアップハウスは二〇〇二年に20周年を迎えました。その時に決めたことも、「日本一のサロンを作ろう。日本一お客様を喜ばせることができるサロンを作ろう」ということでした。そのために「お客様の喜ぶ全てのことをやろう」と決めました。お客様第一主義に徹することを決めたのです。

「先生、このシミ、どうにかならない？」という言葉でニューヨークへスキンケアを学びに行き、「先生、脱毛って、ほんとに毛がなくなるの？」という言葉でサンフランシスコまで脱毛を学びに行きました。当社のお客様はスペシャルだから、とにかく世界で一番のエステティックを持ち帰って、提供したいと思い続けてきました。

これまでの27年間、何をしてきたか。それは、ひたすらお客様とまっすぐに、向き合ってきただけなのです。今日、シェイプアップハウスが存在し続けていられるのは、このようにいろいろと教えてくれたお客様方がいて下さったおかげです。これから将来も、全社員がこの会社の歴史を忘れずに、お客様に一生懸命な、お客様第一主義を貫く会社であってほしいと心から願っています。

サロンはただお客様が若く、美しく、健康になられるだけではなく、自分自身に自信を持ち、人生を積極的に生きて頂くためのお手伝いをしています。サロンは、お客様の心と体が喜び、癒され、元気になれる場所です。

男のエステの「ダンディハウス」は、その名の通り、ダンディでモテる男を作るために、女のエステ「ミスパリ」は、恋人にしたくなるようなチャーミングな女性を作ろうとしてできたサロンです。

この27年間、私はどうすれば、お客様の喜ぶ顔が見られるか、そればかりを考えてきました。お客様が喜んだ分だけ、売上が上がります。売上が上がると、社員を幸せにできるのです。

お客様が期待してくださる会社になる

お客様がサロンにずっと通って下さるためには、サロンは成長し続けなければなりません。「ああ、いつ行っても一緒だ」「何の成長もないサロンだ」とお客様が思ってしまったら、お客様はサロンやエステティシャンに期待を持てなくなり、来店が減ってしまいます。「技術が進歩しているな」「去年より気持ちがいい」「いい商品ができたな」「今年もまたいい社員が入って来たな」「去年よりもきれいな店ができたな」などと私達の会社やサロンの成長を感じて頂けたら、長く通って下さるお客様になります。ですからやはり、期待されることが大切だと思っています。

私達の会社の新人研修が長いことの理由もそこにあります。新人の技術と先輩社員の技術があまりにも違い過ぎていると、お客様からお叱りを頂くこともあります。技術だけでなく、新人の歩き方がなっていないとか、ドアを大きな音を立てて閉めるとかいう振る舞いにも苦情があります。

お客様に期待し続けて頂けるよう、私達は新入社員をしっかり教育し、一人前になってから施術に入るようにしなければなりません。そうしなければ、お客様はがっかりして、私達のサロンから離れて行ってしまいます。

お客様を幸せにするには、社員が幸せでなければ

私達のエステティックの仕事は、お客様を幸せな気分にして差し上げることです。エステティシャン自身が幸せでないと、お客様に幸せな気分になって頂くことはできないでしょう。「私は苦労していて、しかし仕事なので一生懸命やっています」とエステティシャンに疲れた顔で言われたら、お客様は気を遣ってしまいます。苦しさがのり移ってしまいそうな気持ちがするかもしれません。

しかし、毎日の生活に感謝ができて、幸せを感じていて、しかもエステティックの仕事をすることが嬉しいと思っている人に施術をしてもらったら、お客様も幸せな気持ちになることができます。幸せのオーラがお客様に移るのです。

お客様に幸せな気分になって頂こうと思ったら、社員が幸せな気分でいないといけない。

社員に幸せな気分でいてもらおうと思ったら、社長も幸せでないといけません。

社員が幸せで、お客様が幸せであったら、社長である私も幸せです。

ですから、お客様の幸せを考えるのと同じように、社員が幸せになることを考えるのが私の大切な仕事であると思っています。そのためには、私自身が幸せであり、自分が幸せであることに対して、あらゆるものや多くの人達に感謝できる人間でありたいと思っています。

経営者は社員が幸せに仕事ができるよう努力する

社員が安心して生活するために、社長は努力すべきだと思っています。

会社が安定していなければ社員は不安になるでしょうし、お給料を払うこともできません。特に、「幸せな気分」を売る会社であるならば、社員が幸せであることはとても大切なことです。

そして、お客様と同じように、社員も期待してくれる会社にしなければいけません。「去年よりも自分自身成長した」「去年より給料が上がった」「去年より待遇がよくなった」と思えることは必要でしょう。会社の成長が止まったとしたら、社員も成長できなくなってしまいますから、やはり、会社はしっかり成長し続けないといけません。

自分の会社が皆さんに必要とされる会社であり続けなければ、お客様も社員も、お得意先もいなくなってしまいますから、私としては必死にならざるを得ないのです。

当社では、お客様と同じように社員もみんな「社長は、私達の意見を聞いてくれる」と思っていますし、「社長は必ず言ったことは実現してくれる」と考えています。

二〇〇九年に実現した海外出店についても、「数年前に、北京オリンピックが終わった頃には、海外にお店を出すと言っていましたが、本当になりましたね」と社員に言われました。社員もそういった信頼感や安心感みたいなものを持っているのでしょう。

お客様が要望を言って下さるのと同じように、当社では社員も「ああしたい」「こうしたい」と言ってくれます。できる事はいつ頃に、できない事はなぜできないかという理由も私は答えるようにしています。そういうところが、会社をいい雰囲気にしているのかも知れません。

社員に幸せになってもらうには

社員が幸せになるために必要なのは、まず安定した収入、そして、頑張りがいのある評価システムでしょう。

むやみやたらと売上による歩合制にすると、心がささくれだってしまうような気がします。ちゃんと日々の生活を送れる安定した収入が確保され、そのうえで、頑張ったことはちゃんと評価してもらえることが大切です。そして、将来に渡って、自分の成長と共に収入も増えて豊かになり、自分がやりたいことなどの自己実現ができるようになってくれれば理想的だと考えています。

次に大事なことは、社員が確かな技術と知識を身につけて、お客様に喜ばれ頼りにされることで、自分の仕事に誇りが持てるようになっていくことです。そのためには常に新しい技術や最新の情報を社員が得られるようにすることが大切です。また、エステティシャンという仕事が素晴らしい仕事であることを、世の中にアピールし続けることも、私の仕事だと考えています。

また、社員にとって「仕事のやりがい」も大切です。

彼らがやりがいの持てるような仕事を作っていかなければいけない。やりがいとは、「お客様に必要とされる」ということです。お客様が「このサロンでエステティックを受けることができてよかった」「このエステティシャンと出会えてよかった」と思うことで、社員はやりがいを感じることができると思うのです。

それから、社員は「成長したい」と願っています。そのために、ステップアップができて成長実感を持てるようなシステムを構築することも大切です。

そこで当社では、十数種類の筆記試験、SABCD 5段階評価の17種類の実技試験を用意しています。推奨する資格は9つとなっており、社員は年を経る毎に資格にもチャレンジしながら、成長を実感できるようになっています。

お客様と会社がお互いに必要とされる存在になる

お客様が、私達のサロンを必要と思い、私達は私達を必要とするお客様を求めている――つまり、お互いに必要とされる存在になれると、お互いにハッピーです。

それは、社員も同じです。会社は社員を必要としていますし、社員も会社を必要としてくれています。だからこそ、一緒に働けるのです。それは、業者さんも同じです。私達が彼らを必要として、彼らも当社を必要と考えてくれるから、一緒に働けています。

ですから、いつもお互いに必要とされるような存在でいるために、一生懸命成長し頑張るしかありません。どちらかが手を抜いたり、成長が遅れたりすると、一緒には働けなくなるからです。

店舗を増やすことは目的ではない

今のお客様と向き合って必要とされることをしっかりとやっていけば、売り上げは伸びます。

例えば、「絶対今年中に百店舗にする」などという目標を作っている会社も多くあります。私はそのように店舗を増やすことを目標にはしてきませんでした。サロンを増やしていったのも、お客様から「私の家の近くにも作って」と言われたからです。

東京にサロンをオープンした時もそうでした。東京から大阪へ自家用ヘリコプターで通っている方や、東京から大阪へ出張の度に大阪のサロンへ通って下さる方も多くいらしたので、いつかは東京に作らなければいけないとは思っていました。阪神大震災があって、大阪にお店が集中しているのもよくないと感じたこともあって、東京にお店を作る決心をしました。

社内に事業推進部ができた時、望まれていないのに、店舗を増やしているように感じた時期がありました。社員の異動を残念がるお客様を尻目に「誰もオープンして欲しいと言っていないのに」と憤慨したこともあります。

今は積極的に自分達が場所を探すというのではなく、いろんなところからお声が掛かっての出店になっています。最近はお客様を持っているホテルやデパート、ショッピングセンターなどから声を掛けて下さるので、それを検討して、その辺りに私達のお客様がいらっしゃるのであればオープンするようにしています。

そのようなお声が掛かって、皆様に望まれてやっていると感じられると嬉しいものです。私達はお客様のためにこれからも店舗をオープンしていきたいと思っています。

今のお客様を大事にする

正直に商売をすれば、正直にちゃんと売り上げが上がります。

お客様は馬鹿ではありません。まっとうなことをちゃんとやっているか、わかっておられます。一時的にお客様を騙すようなことをやって売り上げが上がったとしても、それは短期間のものでしかないのです。

そんなことをして、次々に新しいお客様を開拓していくことばかりに力を注ぐのではなく、それよりは、今通って下さっているお客様を大切にすることが一番だと思います。広告などによって、新規のお客様をつくるということは大変な費用と労力が必要になるからです。

お客様が通い続けて下さるためには、居心地のいいサロンを作ることが大切です。

当社のサロン、ダンディハウスを居心地がいいと感じるお客様は、ダンディハウスにあるものがお好みなのです。つまり、サロンのインテリアであったり、エステティシャンの雰囲気や技術、話し方、サロンの料金や効果、商品や広告、会社の理念など、何か自分に合っているなと感じるところがあるから、通い続けて下さっているのだと思います。

ですから、私達はこれからもずっとお客様に通い続けて頂くためにも、サロンも社員もシステムも技術も広告も考え方にも磨きをかけて行かなければなりません。

正直に商売をすれば、ちゃんと売り上げは伸びる

正直にお客様や社員の望んでいることをやることが売り上げに繋がっていきます。

お客様や社員の望むことをやっていたら、会社は潰れてしまうと思っている社長さんもいます。これは、お客様と社員との信頼関係が上手く行っていないのかもしれません。お客様も自分が気に入って通っているサロンがなくなって喜ぶはずはないし、それは社員も同じです。恐れずに、とにかく聞いてみることです。その後、その望みを今すぐ叶えられるもの、時間がかかるものに振り分け、整理をして、叶えるために何をすべきか皆で考えればいいのです。

昔、大阪の天王寺店のカウンセリング室にクーラーがなく、お客様も社員も汗をかいてカウンセリングをしていました。そこで、店長がクーラーを買って欲しいと言いました。私がクーラーを買えるように売上を頑張って上げてと言いましたら、前月600万円の売上が1000万円になりました。そして、30万円のクーラーを買いました。お客様も社員も、そして私も皆ニコニコでした。

お客様や社員の望んでいることをシェイプアップハウスでは目をそむけずにやってきたつもりです。

シェイプアップハウスは新入社員研修がエステティック業界ではおそらく一番長い。それは、お客様が「一流のエステティシャンに施術されたい」と望んでいるからです。しかし、このことに掛かる費用は大変なものです。給料を払い、週に2日休ませながら、札幌からも鹿児島からも社員を呼び寄せ、ホテルに泊めての研修が続くのです。縁あって入社した社員を一人前にするのは会社の責任です。そして、お金を頂く以上は、お客様に喜んで頂けるよう努力をするのは当たり前のことです。

悪いところも自分達でしっかり確認して改善し、自分達で責任を持ってより改善されたサービスを提供していかなければ、お客様に愛され、売上を伸ばしていくことはできません。また、新しいことを無理に取り入れる必要もないと思っています。私達が先取りしたと言われるのは、お客様が望んだことをやってきた結果でしかありません。

私達の会社は何でも真剣に必死に取り組むところが特徴でもあり、その姿勢が結果に繋がっていると思います。

70％しか伝わらないから、独自のやり方で

社員教育でも広告でも、一番楽なのは丸ごとアウトソーシングすることでしょう。しかし、当社ではほとんど全てを自分達でやるようにしています。

広告を作る時に一番大切なことは当社の想いをしっかりと伝えることです。そうやって、広告をしていると、ダンディハウスに合ったお客様、ダンディハウスを良いと思って下さるお客様が来店されます。

人から人へ何かを伝える時、70％しか伝わらず、残りの30％は抜けてしまうと言われています。始めの人でも70％しか伝わらず、また次の人は前の人から聞いた70％、そのまた次の人も70％というと、この時点ですでに三分の一しか伝わっていないことになりますから、あまり他人には任せたくないのです。

教育でも70％しか伝わらないのであれば、やはり自分達で育てなければいけません。ですから、うちでは社内に教育部を作り、学校も作りました。他にお任せするのではなく、全部自分のところで責任を持って向き合わないとダンディハウスのエステティシャンらしさは育っていかないでしょう。

あるエステティックサロンでは、毎年、エステティックの学校を卒業した人を採用して、学校で教えてもらった技術をそのままお客様に提供しているサロンもあります。それが悪いことだとは思いませんが、当社はこれまで、商品も技術もお客様に合わせて作ってきました。「坂本様のニキビがよくなるパックはないか」「田中様のお腹をもっと引き締める技術はないものか」「カミソリ負けしやすい高橋様に合った脱毛法はないか」と私達が技術や商品を開発する時にはいつもお客様の顔が鮮明に見えていました。

当社のそんなやり方を業界では「メイドインミスパリ」と呼んでいます。学校があることで「メイドインミスパリ」と、呼ばれるのでしょうが、エステティシャンも技術も商品も全ては、当社のサロンに通われるお客様のために作っているのですから、当社のお客様を知る私達でしか作れないものと考えています。

2章　私の原点、シェイプアップハウスを作るまで

ご縁があって、京都の池坊で美学を学びました。

理数系の勉強が得意だった私が美学を学んだことは、理論的で確かな技術を持ち、しかも癒しの空間であるエステティックサロンの基礎になりました。

物知りだった祖父

私は鹿児島県種子島で生まれました。父は製糖工場に勤務。私は一人っ子でした。私の祖父は物知りで田舎の旦那さんでした。焼酎と読書を好み、地域の人達に尊敬されていて、分からないことは何でも祖父が教えてくれました。幼い私に、昔訪れた京都や奈良の話をよくしてくれたのも祖父です。その影響で、私は小さい頃から京都に憧れていました。また、私の母は若い頃に働きたいと望んでいましたが、祖父が許してくれなかったそうです。そんなこともあって、私は社会に出て働くようにと言われながら育ちました。

応援団長だった中高時代

私は小さい頃から活発な女の子で、運動も勉強も得意な方でした。中学と高校ではテニス部に所属し、高校ではキャプテンも務め、インターハイの地区予選の決勝まで進出しました。運動会では、中学の時も高校の時も応援団長でした。

75年、高校卒業後の進学先には憧れの京都を選びました。
母の影響でバリバリのキャリアウーマンになると決めていました。薬剤師になろうと思っていましたが、夢は叶わず。祖父の影響で京都に行こうと決めていましたから、薬剤師でなければ、京都ならではの文化を学びたいと思い、池坊短期大学に入学することになりました。

池坊で4年間学ぶ

当時、鹿児島の種子島から女の子が京都の短大に入学するというのは珍しく、両親には随分苦労を掛けると思いましたので、「とにかく何でも学びたい」と思い、かなり真面目に勉強しました。

しかし、私は服飾だけは苦手で、洋裁も和裁も上手くできず、友達に頼んで仕上げてもらっているような学生でした。この時はまだはっきり自分でも気づいていなかったのですが、私は不器用なのです。

短大なので2年で卒業なのですが、もう少し勉強を続けたくて、もう2年間、池坊文化学院を経て池坊中央研修科を卒業しました。また、せっかく家元がいらっしゃる京都にいるのですから、種子島に帰る時には華道教室や茶道教室が開けるようにと思い、学校以外にも茶道と華道の先生につき、教授免許を頂けるまでになりました。

アメリカへ留学

池坊での4年間が過ぎた後、私は中学から家庭教師について勉強していた自分の語学力を試したいと思って、カリフォルニア大学へイワード校に、英語の勉強をするために留学しました。「カリフォルニアの青空」は気持ちがよくて素晴らしかった！　私はすっかり気に入ってしまい、4～5年はここに住もうと考え、TOEFLを受けて正規留学しようとしましたが、親に怒られて残念ながら半年で帰国。

しかし、ここで英語の勉強をしたことは、のちに米国で最先端の脱毛技術や美顔を学ぼうとした時に役に立ちました。また米国にはスーツを素敵に着こなしている男性が多く、帰国した時に日本のビジネスマンが貧相に見えて、「もっと日本の男性を格好良くしたい」と思ったことを覚えています。この思いは後に「ダンディハウス」のオープンに繋がっていきます。

手探りの化粧品販売の仕事

79年に帰国し、親からは田舎に帰るように言われましたが、まだ結婚をしたくありませんでした。自立して仕事をしたくて、「いや、まだ帰らない。私は仕事をする」と強く決意をし、宣言しました。

ところが、帰国したのが十月で、その時期に就職するにはどうしたらいいのか全く分かりません。仕事の当てがあった訳でもありません。

そのような時に、知り合いから「化粧品会社があるから、そこの化粧品でも売ったらどう?」と声を掛けてもらいました。何もすることがなかったので、すぐに「やらせて頂きます」とその化粧品を売ることに決めました。

その化粧品会社は特殊な美顔法を持っており、美容師を相手に講習会を開き、技術を教えながら化粧品を売っていました。

その化粧品会社は、化粧品も3種類だけ。関西には支社がなかったので、「じゃあ、あなたに代理店みたいなことをやらせてあげるから」と言われ、「はい」と返事をしたら、それから1週間もしないうちに、マンションに箱詰めの化粧品が山積みになって届き、びっくりしました。「送られてきたからには、もう仕方がない」。そこから仕事がスタートしました。とにかく化粧品を売らなくてはならないのですが、どう売ればいいのか分かりません。いつも行く喫茶店で常連客の人達に話してみると、「うちのおばさんを紹介するよ」「勤め先の社長の奥さんを紹介してあげる」と言ってくれて、1個ずつ売れていきました。商売などしたこともない田舎の母もずいぶんたくさん知り合いに売ってくれました。その時に、化粧品の売り上げを書いた母の小さな手帳は、私の宝物になっています。

エステティックサロンを始めたきっかけ

私はその化粧品を使った美顔の講習会に参加し、技術も少しずつ習得していきました。今思い出しても、その時のテクニックはとても良いものだと思います。

技術を習得しながら、多くの知人に助けられ、やがて美容材料会社に化粧品を卸すようになり、美容室にも出入りができるようになりました。

朝8時に美容材料の会社へ出社し、営業マンの車に乗せてもらって、1日8軒～10軒の美容室を回るのです。「今度、この化粧品を使った美顔の講習会があります。ぜひ受けて下さい」と、美顔の講習会への参加をお願いし、受講する人を集めました。

3ヵ月の講習が始まると、1ヵ月に1回、東京から先生がいらっしゃって講習会をおこないます。その後、次の講習会までは美容室に出向いて練習や試験をするのが私の役目です。美容室での練習は、美容室が閉店した後の午後8時とか9時から始まり、終わるのは夜中の12時を過ぎることもよくありました。

1日16時間労働という状態は、23歳から結婚する30歳まで続きました。能力はさほどなくても、人の倍働けば、どうにかなることをこの時に学びました。

講習が終わると美容室に化粧品を置いてもらい、美容師がお客様への美顔をするようになるのですが、1回目の美顔は私がさせてもらいます。私も美容室へ行って、お客様を呼んでもらってカウンセリングをしながら、美顔を行うのです。そしてその時にお客様にキープ用の化粧品を買って頂き、その後も美顔に通うというシステムでした。

私は「お客様の肌の状態はこうですから、このようにしたほうがいいですね」とアドバイスしたり、食事指導や生活指導などをしながら美顔の施術をしたりしているうちに、急に23歳で美顔の大先生のように扱われるようになりました。

化粧品の成分などの知識を加え、一人ひとりのお客様に対応できるようにしました。薬剤師になろうと思っていたことが関係しているのかもしれません。もちろん、美顔の技術もかなり熱心に勉強しました。

コツコツと真面目に技術を磨き、苦労も知っている美容室の先生達は人間味があり、優しく、面倒見のいい方ばかり。私にとって美容室の仕事はとても楽しいものでした。しかし、美容師達は化粧品を売るのが苦手です。私が行くと1日に40万円程の化粧品が売れるのですが、私が行かなければ売れないのです。化粧品はいいものでしたので「ぜひ売って下さい」と言うと、美容師は「ものを売るとお客様が逃げる」と言うのです。

そして、その頃には、この化粧品代理店の社員は三人になっていました。美容室に社員を行かせると、「下村先生は？」とお客様も美容師達も不満そうでした。私でないと気に入らず、しかも私が行かないと商品が売れないのです。でも、私の体は一つしかありません。次第に「私一人ではなく、何人かで手分けして仕事がしたい」と考えるようになりました。

美顔講習会で自分の不器用さに驚く

さて、その美顔の技術に私は大変苦労しました。

私は学生時代、勉強でも運動でもあまり苦労することはなく、器用にこなしていました。しかし、ここではとことん苦労しました。美容師達と講習を受けていると、私だけが飛びぬけて下手なのです。自分がこんなにできないと感じられたのは初めてでした。

美顔の講習会に参加しているのは美容師達ばかり。美容師は皆器用で、マッサージをしても右手と左手が同じように動きます。

ところが、私は皆さんのように手が動きません。その時、初めて「自分は不器用だ」ということを知りました。

美顔中にモデルの鼻に指を突っ込んだ時は、「もうダメだ、私には向いていない」と思ったりもしました。

不器用なのは美顔だけではありません。その後に学んだボディもネイルもメイクも、先生がつきっきりで教えたくなるほど、私はとても手のかかる生徒でした。ずっと「恥ずかしいな」と思いながら技術を学んでいたような気がします。

悔しいこともあって、ものすごく勉強して、たくさんの友人に練習台になってもらいました。皆大喜びでモデルになってくれました。

例えば、講習会があると聞けば東京までも出かけました。夕方まで講習会を受けた後、宿泊先のビジネスホテルに、東京で就職していたり、大学に通っている友人を呼びました。そして、友人をベッドに寝かせて、その日に教わったことを練習します。この時は本当に何回もやりました。そうしなければみんなと同じ速さで進めなかったのです。

ずっと不器用だと思い込んでいた私ですが、その後アメリカへ脱毛や美顔などの技術を学びに行った時に、自信をもつことになります。なんとアメリカでは、私は技術が上手いと評判になったのです。アメリカ人は何事も大雑把な人が多いようです。日本人の手の器用さ、丁寧さは世界的に見ても群を抜いていると感じました。

不器用だったからこその教え上手

このように、私は自分自身が不器用と知ってから、ものすごく努力をしました。他の人が10回で覚えることも、たぶん20回や30回は練習したと思います。

そして、失敗するであろうと思われるところでは全て失敗してきました。

先生が「まさかそれをやってしまうのは千人に一人ぐらいだから、このことについては説明しなくてもいいでしょう」と思われていることも私は必ずやってしまいます。

しかし、そのおかげで教え上手になれたと思っています。自分ができない経験をしてきたので、できない人の気持ちも分かりますし、なぜできないのかも分かります。

例えば、施術で「指先を寝かせて、優しく丸く円を描くように指を動かす」と指導しても、力を入れて指を立たせてしまう人もいます。また、言葉で説明しても、「指を寝かせる」ということが分からない人もいます。そんな時も、自分が失敗が多かったからこそ、「力を入れると指先が立ちます」と前以て話すことができます。そうすると、生徒は力を抜いたら良いということが分かるのです。

私は、各地のサロンを回って、社員にエステティックをしてもらうことがあります。もちろんお金も払います。その時に「力を入れ過ぎている」とか、「これは第一関節を曲げたらいいだけなのよ」とか、「そこの場所じゃない、ここ」とか、ちょっとしたコツをアドバイスします。できない人へは、手をとって指導することもあります。

その後、社員はお客様から「上手くなったね」と誉めてもらえるようです。社員が突き当たってしまう壁には、私も全部突き当たってきましたから、そのお陰で教え上手になれたのかもしれません。

3章　大切なことはみんなお客様から教わった

――シェイプアップハウスの歴史

私が取り組んできたことは、経営技術を学ぶことではない。
やるべきことはお客様が教えてくれる。
お客様の要望に応える為、また社員が気持ちよく働ける
ようにと会社経営をしてきた。
シェイプアップハウスは27年間こんなふうに成長してきた。

明確な理論を持つエステティックサロンを作りたい

美容室で美顔を教えながら、自分の美顔サロンを持てたらいいなあと漠然と考えていた頃、私はエステティックサロンに通っていました。24歳の頃のことです。

そこで働く若いエステティシャン達はお客様をきれいにしたいと一生懸命に施術していました。私は自分よりも若い人達が一生懸命働いていることに感動していました。

エステは人の体を触り、会話も多い職業ですから、人間好きの気のいいエステティシャンが働いていました。しかし、エステティシャン達は「なぜこの人にこの施術をするのか」「なぜこの肌にこの化粧品を使うのか」など、理論的なことが分かっていません。私が質問してもなかなか的確な答えは返ってきませんでした。

エステティシャン達はすごく一生懸命で、汗をいっぱいかいて、私をきれいにしてくれようとします。一生懸命笑って、一生懸命しゃべって、一生懸命施術をしてくれる。一生懸命お客様にきれいになってもらいたいと思っているけれど、彼女達は皮膚の構造や化粧品の成分についても、知識を持っていませんでした。

当時のエステティックサロンは、先生兼オーナーが5日間ほど、美容機器メーカーの講習を受けてサロンをオープンしていました。そこで働くエステティシャン達はその先生から教えてもらった知識だけでお客様に接していましたから、化粧品も使う順番を知っているくらいだったのです。ましてやお客様の肌質や体質についての知識はほとんど持っていませんでした。

私が化粧品販売のために勉強をさせてもらった講習会はとてもよい教育をしていて、皮膚の構造や肌のタイプ、体質と肌質、化粧品の知識から施術の意味まで、丁寧に教えていました。深く勉強させてもらったと感謝しています。

化粧品を売るために美顔術を習得した私でさえ、それくらい勉強しているのです。それなのに、本格的なエステティックサロンで働いているエステティシャンに、ちゃんとした教育がなされていない……。「なんてかわいそうなエステティシャン達だろう」「この一生懸命なエステティシャン達が知識を身につけることができれば、彼女達が望んでいる『お客様が喜ぶ効果』をもっと出せるはず」と思いました。

更に、私がサロンに通っている間にも、一生懸命なエステティシャン達がたくさん辞めていくのです。客として寂しいばかりです。「この人達が知識をもって、お客様を本当にきれいにできたとしたら、仕事が面白くなって辞めることはなくなるのではないか」「知識があればお客様をきれいにできて、お客様に喜ばれたら、働き続けられるのではないか」とも思いました。

お客様も技術者も「なぜ、この化粧品を使って、この施術を行うのか」をお互いに理解し、施術を行えば、エステティシャンも間違いのないプランが組めますし、お客様の不安もなくなり、安心してきれいになっていくことができます。

そんなことから、「明確な理論を持つエステティックサロンを作りたい」「エステティシャンにエステティックの勉強をさせてあげたい」「エステティシャンが自分の仕事に誇りを持てるようにしたい」と思い、それがサロンオープンのきっかけとなりました。

25歳、600万円の貯金を元手に

私は美容室向けの化粧品販売で600万円の貯金がありました。これでエステティックサロンをオープンしようと決心しました。25歳だった私に600万円は大金でしたから、これだけあれば何でもできると思い、不動産屋に飛び込みました。「どんな商売ですか?」「エステティックサロン？」「エステティックってどんな仕事？」から始まりました。当時、ほとんどの人がエステティックを知りませんでした。

「何坪の物件をお探しですか」と聞かれた時には、「坪」がどのくらいの広さか検討がつかず、破れかぶれで「この事務所くらいの広さです」と私が答えたために、15坪の物件を探すことになりました。

「大阪の難波で15坪というと、保証金が1500万円位です」と言われた時は、訳が分からず、「それはいったい何のことだろう」とびっくりしました。

暑い夏の盛り、その不動産屋の社長は扇子をバタバタ仰ぎながら、「そりゃあ、下村さん、600万円では無理でっせ！　難波にはそんな安い物件、ありまへん」と言うのです。「では、もう少し安いところで」と探してもらいましたが、どんどん繁華街から南下して大阪球場のあたりでも保証金が780万円。それが、その不動産屋の中で一番安い物件でした。初めての物件探しは、あまりにも手持ち資金が少なく、惨めで心細いものでした。

しかし「探せばきっと安い物件があるはず」と思い直し、嫌がる不動産屋を連れて大阪球場の裏を歩き回っていると、古びたマンションの2階にテナント募集の看板がありました。飛び込んで値段を聞いてみると、22坪で保証金200万円、家賃11万円！　そこは10年以上倉庫として使われていた部屋でした。「やったあ！　ここなら借りられる」と大喜びで契約しました。

有閑マダムが来ると想定していたサロンは、とんでもないボロビルでした。ビルの前に「立小便するな」と書いてあるような所。

サロンの名前はエステロイヤルシャトーとか、グランドパレスなどを考えていましたが、とてもそんな雰囲気ではありません。総合エステティックサロンにするつもりでしたが数種類の機器を買うこともできません。そこで私自身、一番興味のある痩身一本でやろうと決め、百歩譲って、「やせる専門店 シェイプアップハウス」と命名しました。

私自身が太っていたので、太っていることの悲しさや痩せたいと願う女性の気持ち、痩せられない自分自身の弱さへの嫌悪感など、ほとんどのことを経験していましたから、お客様の気持ちがよく分かります。お客様といつも一緒の気持ちでいることができて、「やせる専門店」でスタートするのが一番いいと思ったのです。

それまでにも、エステティックスクールで美顔や痩身も学んでいましたが、オープンまでにはより専門的で東洋的な療術なども勉強しました。

みなさんに助けられてやっとオープン！

さて、サロンの場所は確保しましたが、それからオープンまでにたくさんのお金が必要でした。

部屋を契約すると、面倒見のいい不動産屋さんは、「サロンの内装工事をしてくれる工務店は知っていますか？」と私に聞きます。もちろん全く知りません。「じゃあ、気のいい大工さんを紹介しましょう」と内装屋さんを紹介してくれました。

次は施術のための機械を探しました。美容材料商へ行って、痩身の機械を売っているところはないかと尋ねると、向かいに健康機器屋があるよと教えてくれ、そこで痩身用の機械まで作ってもらえることになりました。

美容材料商の社長さんに「どうやって客を呼ぶんだ？」と聞かれ、チラシを作らなければいけないことを初めて知りました。当時エステティックサロンは有閑マダムが行くところというイメージがあったので、女優をチラシに使うのが流行っていました。

心配した美容材料商の社長さんが当時有名女優の高田美和さんの後援会長を紹介して下さ

いました。また、知り合いの雑誌社の社長さんが芳村真理さんを知っていて、なんとお二人が無料で広告に出てくれることになり、オープンにはお祝いの電報まで下さいました。健康機器屋の社長さんはチラシの原稿まで書いてくれました。

　周りの方々のおかげで、オープンに向けての準備は進みましたが、保証金、看板代を払う頃には、もう持っていた６００万円はほとんどなくなっていました。

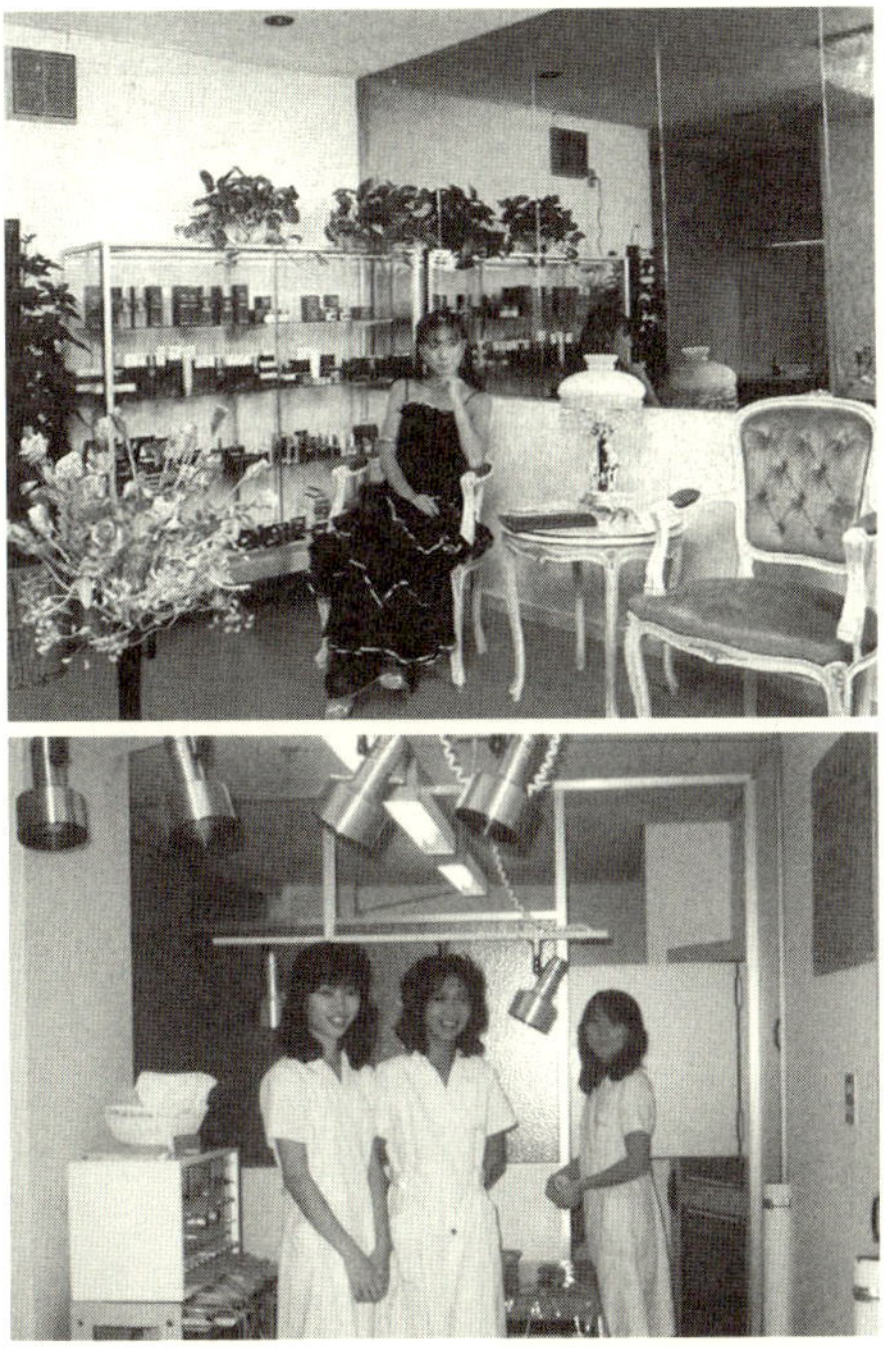
1982年9月、「シェイプアップハウス」難波店（大阪市）オープン。

　そこで、大工さんや機器屋さんには、頭を下げて50万円ずつの手形にしてもらいました。皆さんは手形の支払いを快諾して下さいました。ですからサロンがオープンして1年半くらいは手形の支払いに追われることになります。

　そのような状況にも関わらず、大工さん達は、サロンに商品ケースもないのはかわいそうだといって、お金を出し合って化粧品ケースを買ってくれました。機器屋さんは紫外線消毒機をお祝いに下さいました。カウンセリングのための机は友人の会社の灰色のスチール机にペンキを塗り、冷蔵庫や洗濯機は中古のものを1万円で買いました。お客様の座る椅子やテーブルを買うお金がなくて困っていると、友人達がお金を出し合って買ってくれました。

私はその時、サロン1軒を得るよりも、もっと大きな人情や友情をもらったような気がします。

ですからサロンオープンは感動そのものでした。

シェイプアップハウスの出発

八二年に「やせる専門店 シェイプアップハウス」がオープンしました。

オープンした時には50万円ずつ切った手形が20枚にもなっていました。皆さんの善意で切らせてもらった手形を不渡りになんか絶対できません。昔からぽっちゃり気味の私でしたが、オープン1ヵ月で体重が8kgも落ちました。

その頃はものすごく忙しくて大変だったのでしょうが、自分がやりたいと思ったサロンをオープンできたのですから、サロンで働くことが嬉しくて仕方がありません。

小さなサロンでしたが、シェイプアップハウスは、にこにこ笑って通って下さるたくさんの素敵な女性のお客様で溢れていました。今でも、うちのサロンでは生花を飾るという習慣がありますが、これは、その当時、頑張って働いて、いつもお花を飾って、お客様をお迎えできるサロンになりたいと思ったことがきっかけです。

素敵なお客様にたくさんの励ましを頂きながら、この方達にもっと喜んで頂けるよう一生懸命勉強しよう、資格もとろう、技術も練習してもっと上手くなろうと素直に思い、実行して今日に至っています。

いいお客様に出会えたことで、シェイプアップハウスという会社は素直にまっすぐ成長できたと感謝しています。

理論に基づいた痩身コースは抜群の効果を出す

私がサロンをオープンしたいと思ったのは、「なぜこの化粧品を使って施術をするのか」「なぜこの機械を使うのか」ということを、お客様と技術者がお互いに理解して施術ができるサロンを作りたいと思ったのがきっかけでしたから、サロンをオープンする際には、痩身システムを独自で組み立てました。

「なぜお客様は来て下さるのか？」「お客様は何を求めているのか？」「なぜ太ったのか？」「なぜ、痩せられないのか？」「どんな太り方なのか？」「この技術や商品は、どんな変化を及ぼすのか」など、あらゆる疑問とケースを考え抜き、痩せるためのシステムを作ったのです。施術だけではなく、お客様の食生活やサロンへ通う回数までも、システムの中に取り入れてしまいました。私にはそれは当たり前のことに思えたのです。

そうやってお客様一人ひとりの体質を理解し、理想のプロポーションを弾き出し、理論づけられた施術や、サロンへの通い方までをシステム化したエステティックのコースを作ったところ、今までになかった抜群の効果を出す痩身コースの誕生となったのです。

当時の一般のエステティックサロンでは、痩せたいというお客様がいらしたら、パラフィンパックをするのが一般的でした。汗を出すと痩せると思っていたエステティシャンが多くいました。私自身がサロンに通っていた時も、いつ行ってもやることが同じで、行かなくても怒られないし、行き過ぎても何も言われない。どうしたらいいのか、疑問がいっぱいでした。しかし、一生懸命なエステティシャン達に質問するのは酷なようで、質問も出来ない状態でした。

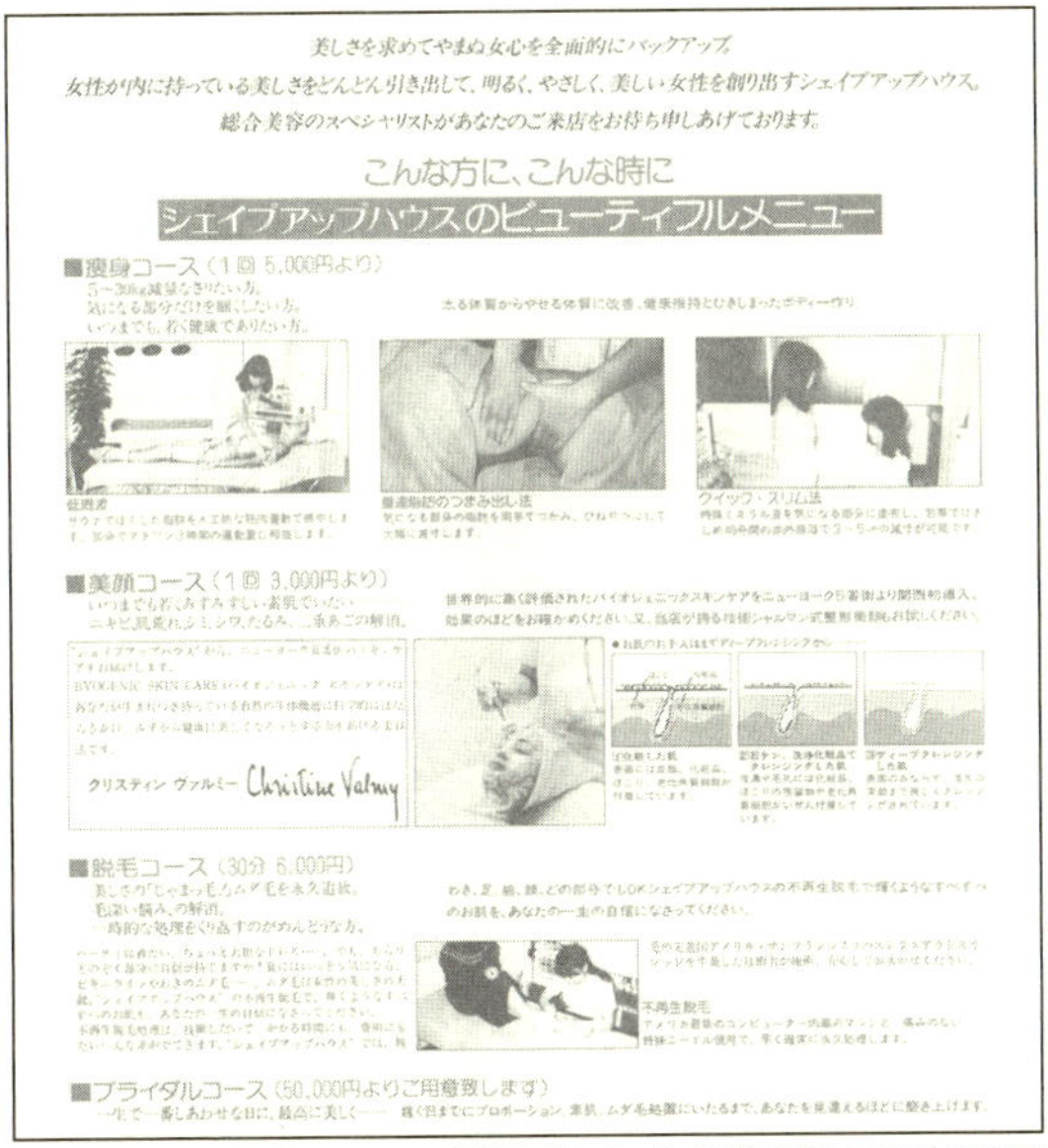

1980年代の広告チラシ。理論に基づいた施術は驚くほどの効果をあげた。

私が作ったシステムは、血が新しく生まれ変わる3ヵ月を1つの周期として24回、体や肌を見ていくものでした。1回目にメジャーリング、写真撮影、ヘルスチェックなどを行い、これは8回目、16回目、24回目にも行います。その時には、再カウンセリングをし、お客様の今の状況、そして今後どのように進んでいくのかを説明します。とにかく、私の経験した不安や疑問をお客様が持たないようにと考えたシステムでした。

効果を求めるお客様はプロにはビシッと指導してほしいものです。

その頃のサロンでは、「お客様は女王様」のようで、エステティシャンは跪いてサービスをしている状態で、お客様に指導するという雰囲気はありませんでした。サロンの中全体に、いつもお客様とエステティシャンの双方のフラストレーションのようなものが溜まっているように感じられることもありました。

私はお客様に指導できないようなエステティシャンはプロではないと思いました。お客様はきれいになりたいからサロンにいらしているのであって、エステティシャンに召使いのように仕えて欲しいと思っている人は少ないのではないでしょうか。もちろん、客として大切にされるのは当たり前のことで、大切にされながらも人間としてちゃんと対等に向き合い、プロとして指導やアドバイスをしてもらいたいと思っていらっしゃるに違いないと私は思っているのです。

そうであるからこそ、プロとして痩身システムを作り、そのシステムに沿ってプロとしてお客様をきれいにできるサロンを作りたいと思い、シェイプアップハウスを作ったのです。

私はその痩身コースを体質改善コースと名付け、売り出しました。お客様の効果がお客様を呼び、オープン当初からサロンは大賑わいでした。

しかし、この体質改善コースは、色々なエステティックサロンがこの名称を使い、様々なトラブルを起こしたこともあり、名称を使用しなくなりました。この時の経験により、トリプルバーン痩身法を作った時はすぐに意匠登録し、他社に名称を使われないよう手を打ちました。

痩身法が話題に

当時は、私を含めてスタッフ三人だけの小さなサロンでしたが、抜群の効果が出たので、半信半疑だったお客様達は大変驚かれました。

すっかりきれいになったお客様を見た周りの人達や美容関係の業者の間で「シェイプアップハウスの技術はすごく痩せるらしい」と噂になり、私達のサロンはすっかり有名になってしまいました。大変な口コミ効果です。

この痩身法の噂を聞いて、新潟や東京、名古屋など日本中からエステティックサロンの先生達が「効果の出し方を教えてくれ」と大阪の小さなサロンに押し寄せました。学びに来たエステティックサロンの先生達は、約1ヵ月間サロンに入り、掃除や洗濯を手伝いながら、メモをとって、シェイプアップハウスの痩身法を学びました。

「教えて」という人はその後もたくさんいましたので、サロンをオープンしてから8年後の90年に、ミスパリエステティックスクールを大阪に開校し、本格的なスクール経営を始めました。

ミスパリエステティックスクールが他の学校と決定的に違うのは、皮膚の構造や化粧品の成分などの、知識や技術だけでなく、実際にお客様をきれいにする方法を教えていることです。教えている先生の頭の中が「生徒と教科書」というのが一般のエステティックスクールとすれば、ミスパリエステティックスクールの先生の頭の中には、「生徒と教科書とお客様」が入っています。

また、未だに美容業界では「これは美白パックなので、顔が白くなります」「お腹にこのクリームを塗ったら痩せます」というような宣伝がなされています。

しかし、私はあやふやなのが嫌いで、きちんとした理論に基づいたことをするサロンを作りたいと思い、その気持ちがオープンのきっかけになりました。その気持ちはオープンした時から今に到るまで変わりません。

ですから、エステティックサロンであるミスパリやダンディハウスで実際に行っている技術や商品などを組み合わせた効果を、医療機関や大学でチェックしています。その結果、「どのくらいの割合の人に効果があった」「こんなタイプの人はこういう効果があった」などということを全てデータ化しています。そこが、他のエステティックサロンとは違っているところです。私達のスクールで教えることもデータに基づいた確実な効果の出し方であって、これも他のエステティックスクールと違っているところです。

トリプルバーン痩身法とは？

この最初に確立した痩身法は二十数年の間に、技術や商品の改良、機械のバージョンアップ、開発を繰り返し、二〇〇四年にはトリプルバーン痩身法となりました。この痩身法は大学や医療機関で効果の検証がなされた結果、大学教授や医師が驚くほどのエビデンスがでていることが分かりました。

そして、このトリプルバーン痩身法は、医学的にもスポーツ医科学的にもエステティック効果が認められた業界初の痩身システムとなりました。しかも血液検査で、若返り効果があることも分かりました。現在、トリプルバーン痩身法は、東京大学医学部研究科で千人の効果検証が行われています。

トリプルバーン痩身法５４０名 データ解析

【国士舘大学大学院スポーツ・システム研究科調べ】

トリプルバーン痩身法を体験した会員540名の相対変化の平均値をグラフ化しました、ウエストや下腹など、痩せたい部位から痩せ、また体脂肪率が減少し、理想的にダイエットできていることがわかります。

体重・体脂肪率・基礎代謝量　相対変化

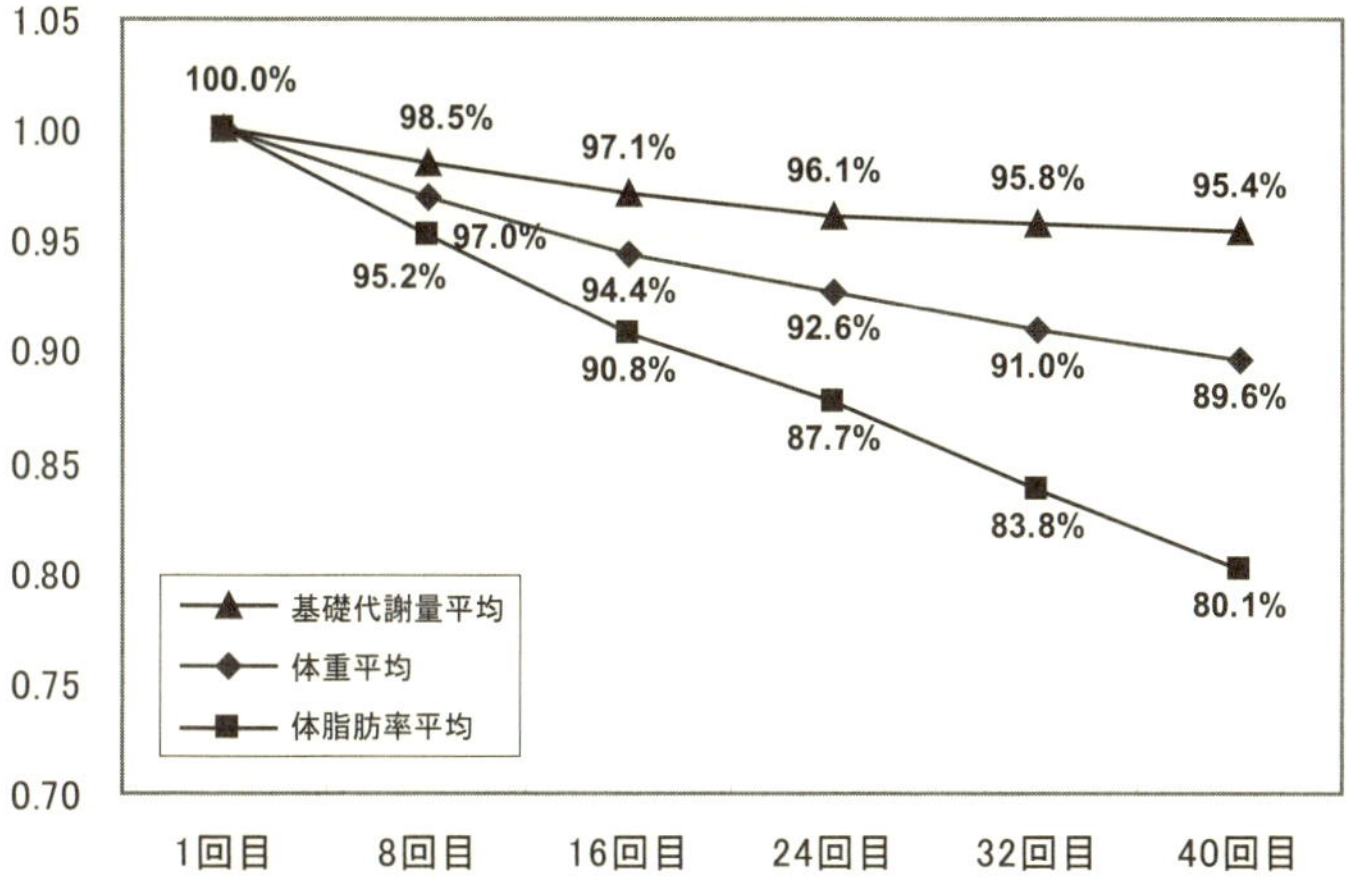

部位別サイズ　相対変化

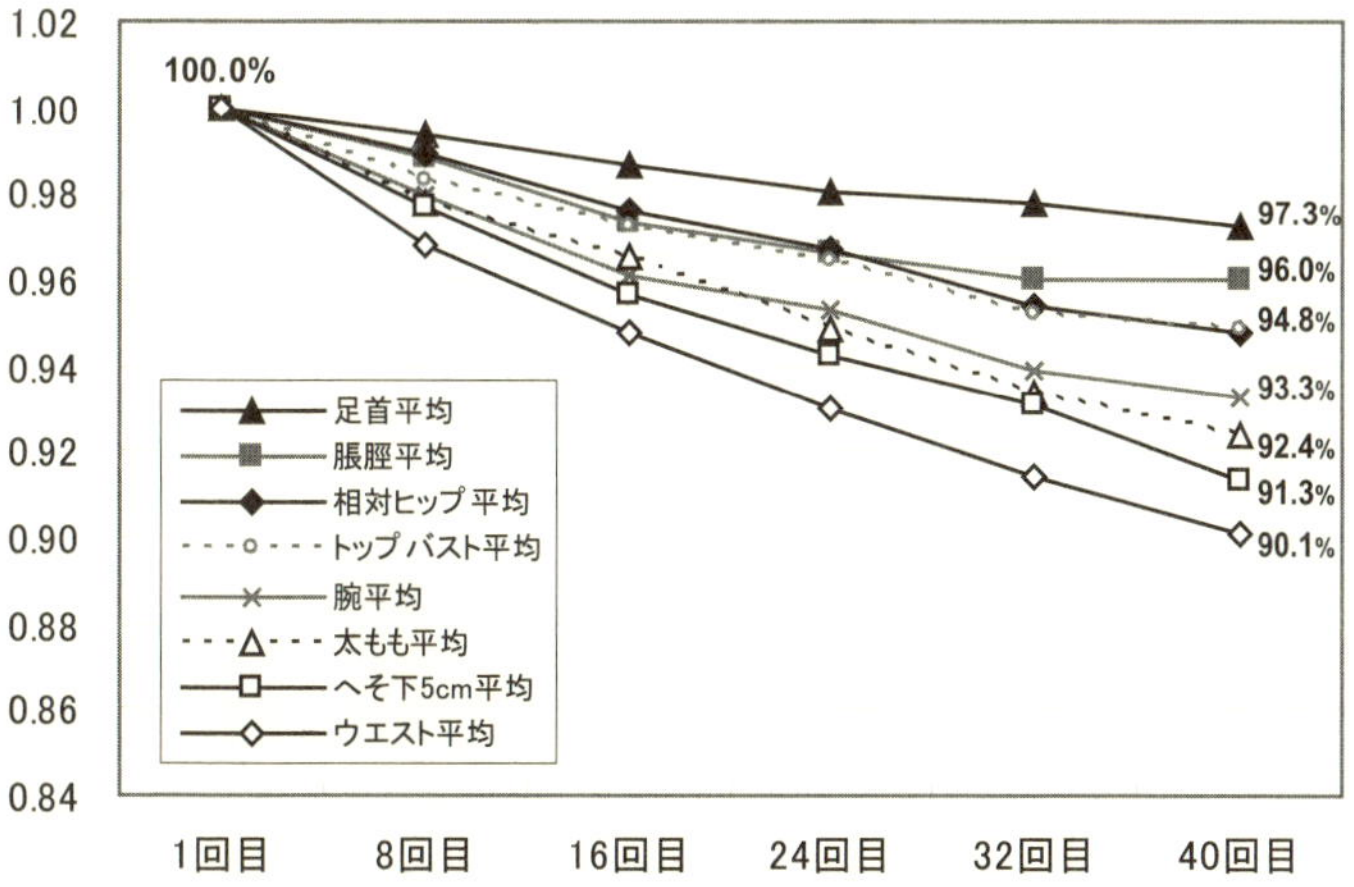

トリプルバーン痩身法医学的検証結果

【高輪メディカルクリニック調べ】

期間：平成16年2月～平成16年6月／モニター：男女計5名／モニター年齢：22歳～46歳／検証方法：トリプルバーン痩身法（24回コース）による使用前後指標比較

実証された痩身法が内臓脂肪を燃やす！

トリプルバーン痩身法は内臓脂肪量が減り、内臓がハッキリと映し出されていることが分かります。トリプルバーン痩身法は内臓脂肪から燃やしていくことが最大の特徴といえます。

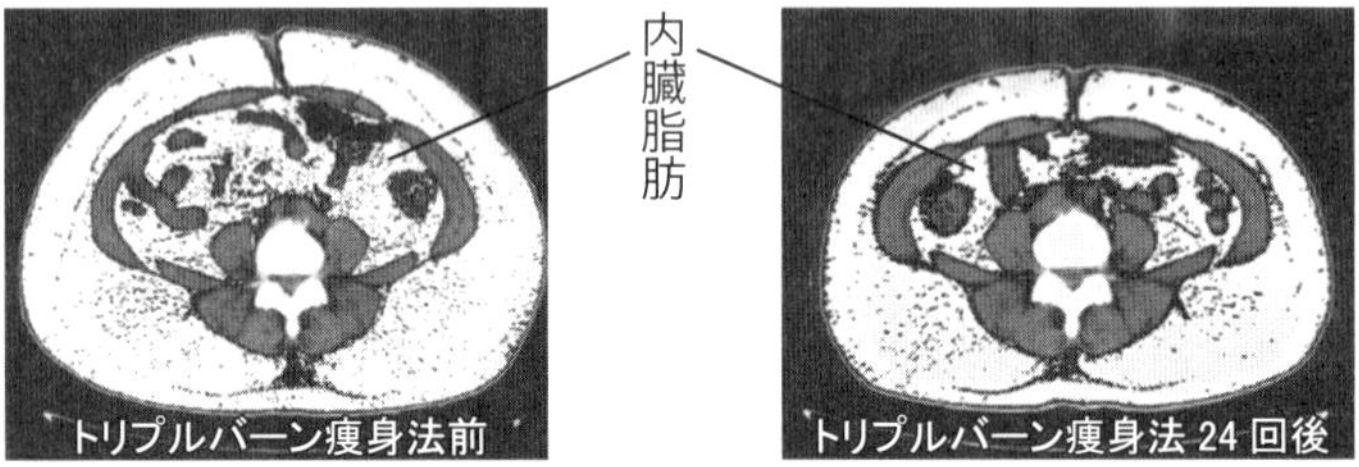

（図１）

	平均減少量
体重	-6.5kg
体脂肪率	-5.5%
BMI	-2.7

※ＢＭＩ値…国際的に用いられている体格の判定方法で、この値が22前後のときが、男性も女性も最も病気にかかりにくいというデータがあり、22になる体重を理想体重（標準体重）といいます。
BMI＝体重kg÷（身長m×身長m）

（図２）

血中成分	平均減少量
中性脂肪（mg/dl）	124.3 → **91.0**
遊離コレステロール（mg/dl）	56.3 → **48.5**
GPT（IU/L）	38.8 → **29.2**
GOT（IU/L）	26.6 → **24.0**
γ-GTP（IU/L）	31.8 → **20.8**
フルクトサミン（μM）	237.7 → **226.3**

＊トリプルバーン痩身法 24 回実施

2004年10月に発表された医学的検証結果です。「ダイエット」として一般的な指標である体重、体脂肪率、BMI値はモニター全員が減少し、特に無理な食事制限によるダイエットでは落とせない体脂肪が、トリプルバーン痩身法では体重に比例してきれいに減っています。（図1）

また、トリプルバーン痩身法で痩せると「中性脂肪」や肝脂肪量を示す「γ-GTP」など、生活習慣病にかかわる数値データは3～4人の方が減少しました（図2）。さらに活性酸素の発生を抑え、アンチエイジング（若返り）に関係している「アディポネクチン」の増加も確認できました。

つまりトリプルバーン痩身法は肥満の改善のみならず、生活習慣病予防など医学的治療法の可能性を持つ、21世紀の新しい痩身法といえます。

トリプルバーン痩身法 スポーツ医科学的検証結果

【国士館大学大学院スポーツ・システム研究科調べ】

期間：平成16年3月～平成16年8月／モニター：10名／モニター年齢：25歳～30歳／検証方法：トリプルバーン痩身法による使用前後指標比較

(図1)実験前後における
乳酸の変化(ml/dl)

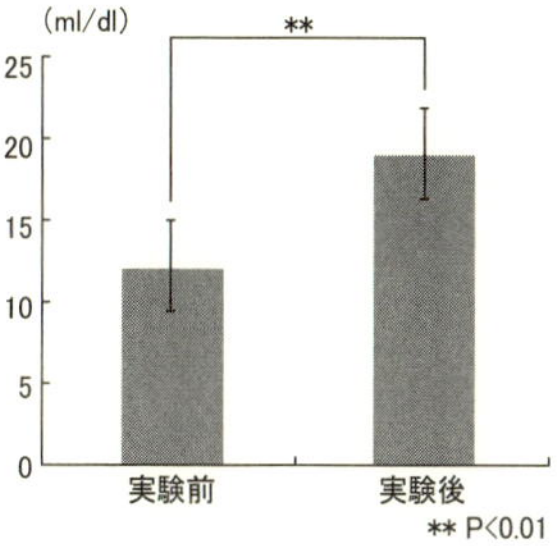

(図2)実験前後における
遊離脂肪酸の変化(mEq/l)

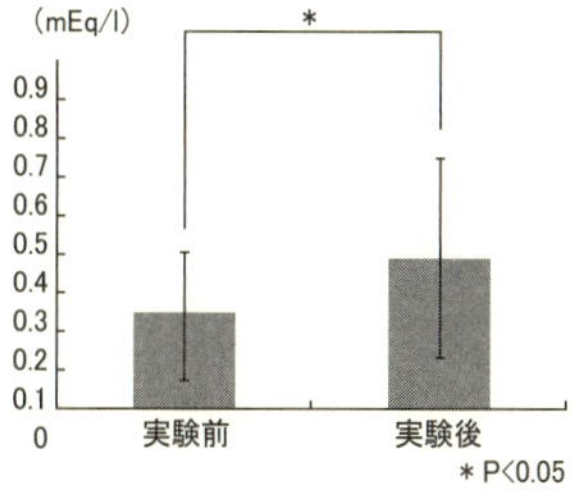

(図3)実験前後における体重(kg)の変化

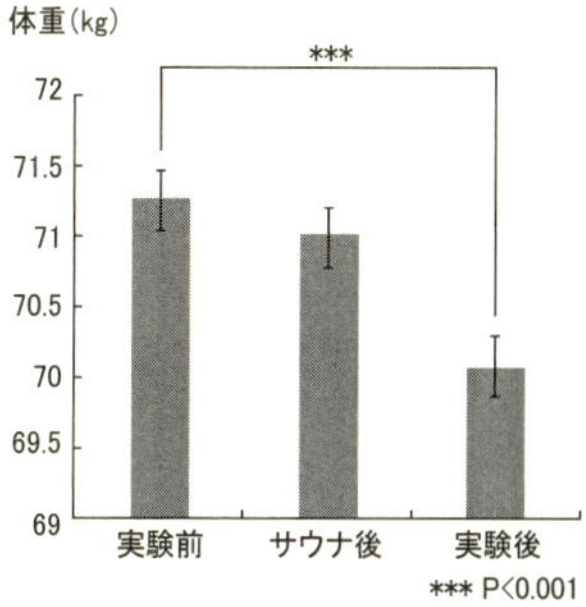

(図4)酸素消費カロリー(Kcal/min)

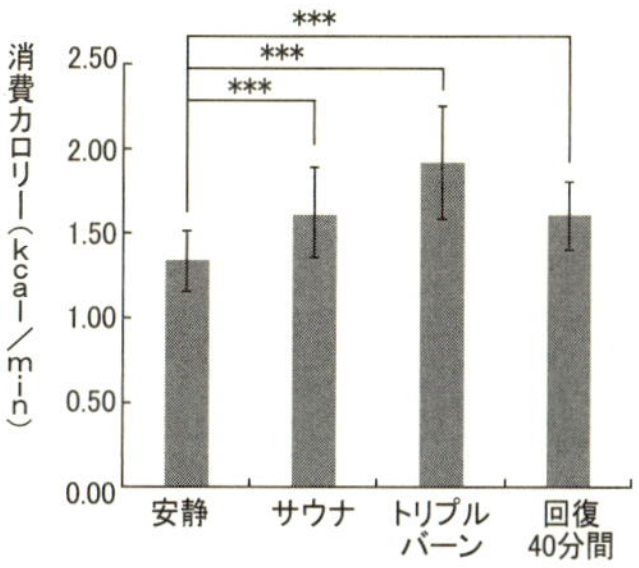

2004年10月に発表されたスポーツ医科学的検証結果です。トリプルバーン痩身法を行った後は、筋肉運動を行ったときと同じように、筋肉を動かすエネルギー源のグルコースが減少し、筋肉内には疲労物質の乳酸が増加（図1）。寝たままでも、確かな筋肉運動が行われていることがわかります。また、血液中の遊離脂肪酸濃度が上昇すること（図2）や血液中の中性脂肪も減少したことから、体脂肪をエネルギー源として消費していることが証明されます。またトリプルバーン痩身法を行った後の体重は、サウナ直後の体重の約4倍もの減少が見られ（図3）、さらにトリプルバーン痩身法は約1時間の有酸素運動を行ったときと同じエネルギー消費量に相当します（図4）。つまりトリプルバーン痩身法は寝たままで運動を行いながら体脂肪を減らす理想的な痩身法といえます。

母の死で仕事への覚悟

サロンをオープンして2ヵ月後、母が胃の手術をしました。最初は3週間ほどで退院と聞いていたのですが、しばらくして実は末期がんだと聞かされ、私は生まれてはじめて人生のどん底に突き落とされたような気がしました。

母と一秒でも一緒にいたいと思った私は、サロンを閉めて母に付き添いたいと会計士の先生に相談しましたが、その時点で負債額が4300万円もあると言われてしまいました。これはやめる訳にはいかないと覚悟を決め、それから鹿児島の病院と大阪のサロンとを往復する生活が始まりました。飛行機に乗っていても、今どこへ向かっているのか、手帳を見ないと分からないような日々が続きました。

私の誕生日を母の病室で友人達と祝った日、母もベッドから起き上がり、乾杯のオレンジジュースをほんの少し飲んでくれました。忘れられない私の26歳の誕生日です。その9日後、三月二九日に母は帰らぬ人となりました。入院してたった4ヵ月でした。

大変な喪失感に見舞われ、母が亡くなって1年半、私は朝晩毎日泣いていました。どうしてなのか1年半1日も欠かすことなく泣けるのです。それまでの私の人生を色に例えるならレモン色。暖かく優しい愛情に包まれた、幸せな人生でした。

世界一、私を大切に思ってくれていた人がいなくなり、その時初めて「私にはもうこの仕事しかない」と仕事に対する覚悟ができたような気がします。初七日を終えて大阪へ帰り、サロンへ出た時にお客様への頭の下げ方まで変わったことが、自分でも分かりました。

その頃、母と同年代のお客様が愛おしくて、とても大切に接客しました。そして、お客様達もケーキを焼いたりお寿司を作ったりして、サロンに持ってきてくれます。たくさんのお花をサロンに生けて下さいました。私はお客様を幸せにするどころか、お客様達に慰められていました。

お客様の喜ぶことを一生懸命にやろうと思いました。涙が出ないようにクタクタになるほど動いていたいという気持ちもありました。

病院への往復でサロンの売り上げはどん底まで下がっていましたが、またどんどん忙しくなり、お客様に「先生、脱毛って永久なの？」と聞かれれば、脱毛のスクールに通い、「美顔もしてほしい」と言われれば、美顔のスクールにも通い直す日々が続きます。

八四年、㈱シェイプアップハウス設立

お客様からは商売のいろはを教えてもらい、母が亡くなった時には慰めてもらい、本当によく色々と面倒を見て頂きました。

そんなお客様から「通うのが大変だから、うちの近くにもお店を作ってほしい」と言われることが多くなりました。そして、サロンをオープンして1年半が経った頃、2店、3店と、お客様の家の近くにサロンを増やしていきました。

サロンが3店舗になり、会計士の先生から、いつまでも個人店でいるわけにもいかないから会社を設立するよう勧められました。

まだ27歳でしたが、その頃には月に1000万円ものお金が手元に残るようになっていたのです。これでは人生がおかしくなってしまうと思い、会社の設立を決めました。

八四年、株式会社シェイプアップハウスを設立。そして、自分の給料を50万円としました。そのことで私は少しほっとしました。

「人」にはとことん苦労した

サロンは常に人手不足でした。世の中にエステティシャンという職業があることすら知られていなかったことも理由の一つだったのかもしれません。

その為、色々な人を採用しました。働き始めて、その日の午後にはいなくなってしまう社員までいました。

その頃の私は社員に対していつも、「なぜこんなことができないのか」「なぜ分からないのか」とイライラしてばかりいたような気がします。それでもコミュニケーションをとろうと食事に誘ったりするのですが、食べながら他所を向かれてしまうようなこともありました。何度も、「人を使いたくない。自分一人で働きたい」と思っていました。

そんな時に、従妹が短大を卒業して入社してきました。この時に初めて話せる社員ができたと思いました。私は一人ではないと強く思いました。それまでの4年間は本当に孤独な4年間でした。

初めての男のエステ「ダンディハウス」を作る

サロンをオープンして4年後の八六年に、男性のエステティックサロン「ダンディハウス」をオープンしました。この時も、お客様から「うちの主人も痩せさせて」「息子のニキビを治してほしい」と言われ、オープンを決めました。出来る限り、お客様の要望を叶えて差し上げたいと思ってのことでした。

そのように思えたのは、本当に良いお客様に恵まれてきたからだと思います。「お客様が望んでいるのであれば、贅沢な社長室を改造して、ここにお客様のご主人や息子さんが通えるサロンを作りましょう」となったのです。このように、ダンディハウスはサロンの横にあった事務所と社長室を改造して誕生しました。大阪の難波、天王寺、京橋、そして4店舗目の梅田店がオープンして1年経った時で、私は梅田店の店長も兼任し、白衣を着てサロンを走り回っていたので、社長室に座っている暇などなく、お客様に使って頂ける方がずっと良いと思い、喜んで提供することにしました。

さて、ダンディハウスを作る時、「どんなサロンを作ろうか」と色々と考えました。

今から25年以上前にアメリカ留学をして帰国し、久しぶりに日本のビジネスマンを見た時、日本男性のスーツ姿が野暮ったく、とても貧相にみえて悲しくなったことを思い出しました。

「よし、ニッポンにいい男を作ろう！」と思いました。

「見た目もよく、健康で積極的に仕事に取り組む格好いいビジネスマンを作りたい！」「世界を相手に堂々と戦える男を作りたい！」「大成功する男、大出世する男を作りたい！」

――これがダンディハウスのミッションになりました。

「日本初」の衝撃と過熱報道

八六年十月一日、ダンディハウスオープンの日に、大阪の地下鉄御堂筋線に「肥えた男は損をする！」という衝撃的なタイトルの中吊り広告を出しました。その日に、御堂筋線に乗ったサンデー毎日の記者が「変な広告が出ている。男のエステってなんだろう」と思い、オープン当日にダンディハウスを訪れました。

男性にエステティックの説明をしてもピンと来ないようでしたので、「体験してみて下さい」とお願いしました。そして、エステティックを体験したその記者の記事が掲載されると、他社からの取材が殺到しました。私は「いったい何が起こったのだろう」とびっくりしましたが、丁寧に取材を受け、男性へのエステティックの必要性を一生懸命に語りました。最初は面白半分で取材に来ていた人達も、本当にダンディハウスを真面目に好意的に取り上げてくれました。

男のエステは日本初。珍しさもあり、取材は続き、お客様は東京や沖縄からもいらっしゃるほどでした。朝日、毎日、産経、読売、日経などの新聞、おはよう朝日、11ＰＭなどのテレビ局の取材があり、それは大変な過熱報道となりました。男のエステは世界でも珍しかったのでしょうか。ダンディハウスには国内だけでなく、フランス、ロシア、香港など世界のテレビ局からの取材も来ました。

女性のエステであるシェイプアップハウスの競争は激しく、チラシ5万枚を配ってやっと電話が1本鳴るだけということもありました。一方で、ダンディハウスは、広告費用対効果で考えると、電話1本を2500円で鳴らすことができ、その差はあまりにも大きいものでした。ですから、覚悟をきめて、女性の宣伝は止め、広告はダンディハウス一本に絞りました。

世界的にも珍しかった男のエステ

ダンディハウスはエステティックの技術によって、健康的で引き締まった体や艶のよい若々しい素肌を作っています。決まった通りに通って頂ければ、体や肌がきれいになるのは難しいことではありません。しかしそれだけでなく、エステティシャンに優しく癒され、励まされ、しかも外見に自信を持つことで、勇気とやる気を持ち、雰囲気も自信たっぷりの「いい男」になっていくことができます。

ダンディハウスで働くエステティシャン達は一流のプロを目指していますので、1回ごとに最高のサービスを提供しなければなりません。ダンディハウスから、自信たっぷりのいい男達を世に送り出し、ビジネスや政治の世界で、見た目も良くプラス思考で、積極的に人生を生きてもらえるような、そんな影響を与えられるようなサロンにしたいと考えています。

そして、ダンディハウスは厳しく規律のある社員教育を行ない、サロンの秩序を維持したからこそ今日もあり続けることができています。規律の中には、お客様と外で会ってはいけないというものもあります。数年前、渋谷のサロンでお客様からお声掛け頂き、男女スタッフ3名がマクドナルドに一緒に行ったことがあり、翌日に三人共涙を飲んで解雇したこともありました。

このような先駆的なダンディハウスの誕生と成功は世界的に高く評価され、後に05年世界優秀女性起業家賞受賞に繋がりました。

痛みには弱いが、理論で納得する男性のお客様

さて、ミッションは決まったものの、男性にどんなエステティックを施したらいいのかと考え込んでしまいました。日本初の男のエステですから、お手本はありません。男性といっても基本的には女性と同じ「人間」なのですから、女性と同じ施術から始めました。

しかし、男性ならではの施術の難しさがありました。男性にボディクリームでマッサージをすると、足の毛を引っ張ってしまい、お客様に痛がられてしまいました。また、コットンで顔のクリームを拭き取ると、綿が髭にまとわり付いて取れなくなってしまうこともありました。

また、男性はお腹の揉み出しでは涙を流し、電気は怖がります。女性と比べると体がやわであるとつくづく思い知ることになりました。このような施術の経験や反省を踏まえて、男

性に合わせた技術や商品、機器の改良、開発を今でも続けています。

特に、痩身や美顔の指導において、男性と女性の指導方法には大きな違いがあります。男性は論理的に納得すれば、指導も上手くいくということも分かりました。男性にはグラフを使って説明し、目標を設定すると、そのままに実行するので、痩身の結果を出すのは、女性と比べて驚くほど簡単でした。

紹介が多い男性のお客様

また、男性と女性の違いの一つとして、男性は紹介が多いこともあります。

一店舗目のオープン当時、ダンディハウスの近くに大阪大学医学部附属病院があり、そこのお医者様達が同時期に15人も通っていらした時期がありました。ドクター達は「ここに通うようになってから体調が良くなった」などと喜んで下さり、体のことや新しい論文のことなど、たくさんのアドバイスをして下さいました。

また、当時有名だったディスコ「マハラジャ」のマネージャーがダンディハウスで25kgも痩せたのを見て、30人程のお客様がみえたりしたこともありました。

お客様達は仲間同士でとても楽しそうに自分がやって成功したことなどを話して、他のお客様へのダイエットのアドバイスなどもしていました。

ダンディハウスのお客様達は、サロンで他のお客様ともすぐお友達になってしまいます。開放的なサロンの造りが良かったのかもしれません。一緒に飲みに行ったお客様同志が体重を増やしたと翌日はダンディハウスで叱られていたということもしょっちゅうありました。

ダンディハウスのサービス

ダンディハウスでは、主に痩身、美顔、脱毛、リラクゼーションなどのサービスを提供しています。

初めて痩身のカウンセリングにいらしたお客様に、「目標は?」とお聞きしますと、判で押したように、「大学時代の体重に戻したい」とおっしゃられる方が多い。ダンディハウスのお客様は皆様、大学時代によほど楽しいことがあったようです。

コースがスタートすると、女性に比べて体重の減り方は早く確実です。

男性は目標達成の為、計画を立てて実行するという習慣がついている方が多く、「今週末までには体重は○○kgにしましょう」と数字とグラフをお見せすれば、その通りにして来られます。若くてきれいなエステティシャンの手前、できないと言えなくなってしまっているのかもしれません。もちろん体重が落ちると上司にも部下にも誉められるので、嬉しさから俄然張り切ってしまわれる方も多いです。

その分、私達にはプロであることを要求します。専門家としてあらゆる質問に答え、指導ができなければ、サロンの秩序を維持することはできなかったと思います。

男性の指導で一番難しいのが、食事指導です。男性は国内外の出張があり、外食やお酒の機会が多いために調整が大変です。各店に1名は配置している栄養士達は、減量が順調でないお客様に毎日食事ノートをつけて頂き、食事の内容を約半年のうちに見事に健康的に変えていきます。通っている間に食事や生活の習慣を変え、ある程度筋肉を付けておかなければ、また以前の体に戻ってしまうからです。

お客様と一緒にカルテの体重やサイズの減り具合を見て、どうしようかと一緒に悩みます。減ったら一緒に喜び、増えたら反省という繰り返しで、半年から1年間のお付き合いになるお客様もいらっしゃいます。

美顔の目的で来店されるお客様は20代から30代が中心です。中でもニキビやニキビ跡で悩んでいる方が多くいます。それまでに皮膚科に通ったり、色々な薬を使ったりしてからうちのサロンに足を運ばれるので、そんなに楽で簡単なお客様ではありません。

ひどいニキビの方はお肌に触ることもできませんので、体質のチェックをして体質改善から開始します。そうすると、きれいになっていく速度を一段と速くすることができます。

体質改善でニキビも少し落ち着いたら、サウナや赤外線で汗を出したり、呼吸法の指導を行ったりします。最後には美顔の施術に入ります。毛穴に詰まった皮脂を取り除き、殺菌、消毒などで、ニキビを枯らしていきます。

何年も悩んでいた自分の顔のニキビがなくなると、お客様は明るく、積極的な性格に変わります。こんな時、「ああ、私達の仕事は、人の人生までも明るく変えることができるんだ」とこの仕事に就いた幸運をしみじみ噛み締めることができるのです。

また、皮脂の分泌が多い脂ぎった肌や毛穴の開きや汚れ、二重あごなどを気になさる方も増えてきました。最近は清潔志向の方が多いのです。

古い垢（角質）をピーリングにより取り除いたり、毛穴に詰まった皮脂を取り除いたり、開いた毛穴をキュッと引き締めたり、肌に不足している栄養分を導入したりと様々なテクニックを使い、さっぱりと爽やかなお肌を作ります。フェイスラインを引き締め引き上げていく顔やせマッサージには皆さん大変驚かれます。

脱毛のお客様も、やはりお若い方が多く、20代から30代の方が大半です。「彼女に毛深いのが嫌だと言われた」「胸毛がいや」「カミソリ負けがひどい」など様々なお客様がいらっしゃいます。中には「お寿司を握るので、手の甲の毛をなくしたい」というお客様もいます。

昔は毛深いことに悩んで、一生温泉にも行けなかったという人も、今なら脱毛して温泉に行くこともできます。今は、髭だらけの顔も、つるつるすべすべの白くて、清らかな顔に変えられるようになりました。

脱毛は自分ではできず、毛深いことの悩みは人によっては大きいものです。これからも機械や技術の進歩を注意深く見守りながら、たくさんのお客様の悩みを解消していきたいと思っています。

よくされる質問があります。「ダンディハウスを風俗と勘違いされる客はいないのですか」というものです。

ダンディハウスでは、初めてのお客様にはカウンセリングという時間を設けています。お客様の希望をお聞きし、どのように通ったらいいのかをアドバイスするのです。その時に、お客様も自分に合っているか、通えるかどうかを見ていますし、エステティシャンもお客様がダンディハウスにふさわしいかどうか、自分達がご指導できるお客様かどうかを見ています。病気をお持ちの方には医者との相談が必要ですし、刺青があるとお断りしますし、勘違いされている方には、間違いだったと気づいてもらいます。

ダンディハウスで働くエステティシャンの特徴を一言で表すと、動作が機敏、声が大きい、元気。ですから、勘違いされるお客様はいません。

しかし、確かにうちの社員達は若くて美人揃いですので、ちょっと心配もあります。そこで、ダンディハウスのオープン時から、男性エステティシャンを育成しています。

現在、当社で働く男性エステティシャンは全体の20%ほどを占めています。ほぼ全員が四年制大学を卒業後、一から当社でエステティックを学びます。中年男性のお客様は女性のエステティシャンがいいようですが、若い男性は男性エステティシャンの方が相談しやすくていいという方が多くいます。

新卒採用を始める

さて、その頃になっても、人手不足は相変わらずでした。

オープンしてから6年目のお正月が明けて仕事始めの一月五日、たった一人の事務員さんが出てこなくて困っていたら、難波と天王寺の店長と3名のエステティシャンも出勤してこなかった、なんていうこともありました。

求人広告を出しても、一緒に働きたいと思うような人はなかなか来てくれません。それでも人は足りないので、面接に破れたジーンズを履いてきて、足を組んで話す若い女の子でも採用するのですが、すぐに辞めてしまう人ばかり。オープン以来、そんな繰り返しが続いていました。

そして、八七年に思い切って、職安を通じ高校生の新卒採用を始め、8人が入社してきました。その中の一人が今も営業部のマネージャーとして活躍してくれています。

新卒の社員は素直で、一から仕事を教えられますし、なんでも吸収していきます。彼らは私を社長として頼りにしてくれますから、それならば私も立派な社長にならなければと思えるようになりました。

この頃から、私と社員とは労使関係というよりは、同じ夢を追う仲間という関係になったように思います。若くて純粋でやる気のある社員達が私を変えてくれたのです。

結婚で肩の荷が半分に

アメリカで医師を目指して勉強していたエクアドル出身のマルコが、私と一緒にいたいからと、ニューヨークから日本にやって来てくれました。そして、シェイプアップハウスに興味を持って、手伝ってくれるようになりました。

私がニューヨークへスキンケアの勉強に行った時に彼と知り合いました。最初に会ったのは、ニューヨークの空港。日本の旅行会社に勤める日本人と彼はルームシェアをしていたのです。私をケネディ空港に迎えに来る予定だった旅行会社の日本人は他の団体の送迎と重なってしまい、一人で来た私の迎えをマルコに頼んだのです。その時、私は約1ヵ月間ニューヨークに滞在し、スキンケアの勉強をしました。ある日曜日、マルコが1日ニューヨークの街を歩いて案内してくれました。帰国後、そのお礼に書いた手紙から5年間も文通することになり、結婚に繋がったのです。

私は結婚したことでかなり楽になりました。それまでは全部自分でやっていたサロン業務以外の仕事を、副社長として彼が半分やってくれるようになり、半分楽をさせてもらっています。

彼が来日する前は、サロンの店長と社員採用の面接、社員の教育、商品の仕入れ、広告、給与計算、経理のことも、全部私がしていました。しかし、彼は経理部門をやってくれるようになりました。

来日後、ECCの日本語学校に半年通い、その後大原簿記専門学校で簿記を学び、すぐに簿記三級に合格し、経理の仕事をしてくれるようになったのです。段々と会社が大きくなってきた頃、経営を学びたいと、シカゴ大学の大学院でMBAを取得。頭の良い努力家です。

それから人事や事業推進も担当し、日本中走り回って、いい人材といい店舗物件を探してくれました。そして、今は世界中を走り回り、海外出店を担当しています。

90年、本社ビル完成。新社屋披露パーティ。著者とマルコ副社長。

私は「マルコは男らしい」と思っています。今の日本人男性がなくしたような男らしいところを持っている男性なのです。南米はまだまだ男性が強いからでしょうか。

私がいつもすごいと思うのは、「できない」ということを絶対言わないこと。どんな小さなことでも、頼んだら必ず完結させます。「できなかった」と、今まで言ったことがありません。

彼が最も得意とするのは、新しいものを開拓することです。何か新しいことをする時はすごい行動力が必要です。彼は抜群の行動力を持っています。

関西だけでサロンを展開していたダンディハウスを東京に出店させる時も、彼が中心となってやってくれました。色々なところに行って、情報を集め、ビルのオーナーさんと友達になりながら、サロンの適切な場所を探して来ました。見つかるまでは帰ってきません。

そして、場所が見つかれば、設計、施工、人選はこちらの仕事です。上手く役割分担ができているといえます。慣れない日本に来て私の仕事に協力してくれている彼には本当に感謝しています。

二人の子供を出産

夫が日本語学校に通い、少しずつサロンでの仕事も手伝ってくれるようになった頃、私達は娘二人を授かりました。私は出産の前日までサロンで働き、出産後3週間で仕事に復帰しました。漏れ出したお乳を慌てて機械室で絞ったこともあります。

長女を出産後、1年もしないうちに二人目を妊娠。その時も普通どおりに働き、出産後2週間で仕事に復帰しました。

子育ては、仕事よりずっと難しいと感じています。自分の子供でもよく分からなくて、「宇宙人みたいだ」などと思ってしまいます。親に迷惑をかけるくらいならいいけれど、人様には迷惑をかけないで、できたら人様にお役に立てる人として生きていって欲しいと思っています。

不安神経症を患う

さて、出産から仕事と子育てに追われる2年が過ぎたある日、梅田の地下街を歩いていて、ふと喫茶店に入りたくなりました。コーヒーを一口飲んで、「ああ、私は子供を産んで初めて喫茶店でコーヒーが飲めた」とほっとしたら涙が溢れてきました。結婚後初めての道草でした。

体調が思わしくなくなったのはその頃からです。

平成2年秋、子供2人と。このころ病気が発症。子育てと仕事に追われる日々。

ある日、東京出張のために大阪駅から新幹線に乗っていると、まるでジェットコースターに乗っているような気分になって真っ青になり、京都駅で降りてしまいました。それからは電車に乗っても、たった一駅でも怖くて死にそうになり、車を運転すると信号で止まっただけで怖くなり、車から逃げ出したくなるのです。

病院で様々な診療科に行き、最後に心療内科に回され、不安神経症という病名がつけられ、行動療法という治療が始まりました。

まず、新幹線に乗れるようになりたかったので、そのために駅に行って走る電車を見ることから始めました。遠くから走る電車を見るだけでも辛いと感じる毎日が続きました。

病気を社員や取引先には知られたくなくて、子育てを理由にして会社へ行く日を週に1、2回にしました。仕事は社員と夫が頑張ってくれたので、業績を落とすことはありませんでした。その間もじっとはしていられない性分でしたので、治療にもなって私にできること、例えば断食、バレエ、書道、洋裁、ガーデニングなどありとあらゆることを試みました。

約7年間この治療は続き、あまりの体調の悪さに、人生に絶望的になったこともありましたが、用心しながらでも、私は完全に病気を克服できたのではないかと思っています。

サロンにも様々なストレスや悩みを抱えているお客様がおられます。私自身がつらい思いをしたこともあって、その方達の心の内を察することができます。あまりにも几帳面で真面目な方が多いので、少しばかり「いい加減」になって頂くような会話をします。そうすると、皆様肩の力が抜けていくのが分かります。何にでも一生懸命なお客様が愛しく感じられもします。サロンはやはりお客様が癒され、安心してくつろげる場でありたいと考えています。

ミスパリエステティックスクール開校

八二年にサロンをオープンして以来、私はエステティシャンの質にこだわってきました。何度も書いているように、私は理論が分かるエステティシャンを育て、効果を出せるエステティックサロンを作りたいと思っていました。また、サロンには日本中からシェイプアップハウスの技術を学びたいという人が引きも切らずにきていましたので、本格的に教育を始めようと思いました。

そして、サロンオープンの8年後、九〇年八月にエステティシャン養成スクール「ミスパリエステティックスクール」の前身「ミスパリインターナショナルスクール」を開校しました。

その当時は、お金を出してまでエステティックの勉強をする人は少数でした。私はお客様と接する度に、人の心や体に触れるエステティックの仕事は素人がすべき仕事ではないと強く思っていましたので、スクールは絶対に必要と考えていました。ミスパリエステティックスクールは、人の心と身体をしっかり預かることができ、お客様に「この人に任せよう」と思って頂けるプロのエステティシャンを養成するために必要なカリキュラムを作りました。

次第にスクールの生徒も少しずつ増え、それは私と同じように真面目に真剣にお客様に接するべきと考える人が増えたことだと思い、今でも生徒が増えることが嬉しくてなりません。

ミスパリエステティックスクールは、日本エステティック協会とNPO法人ソワンエステティック協会の認定校であり、両協会の「認定エステティシャン資格」が取得でき、またNPO法人ソワンエステティック協会認定の「介護予防エステティシャン資格」や「認定講師資格」「スパセラピスト資格」など多くの資格を取ることができる学校となっています。さらにシデスコの国際ライセンス取得の為の勉強もできます。

二〇〇六年から始まったエステティックマスターコース「スパセラピストコース」では、世界のセレブ達にも対応できる一流のマナー、世界各国のエステティック技術、高齢者も安心して身体を任せられる介護知識とテクニックなど、最上級のエステティックを学びます。技術と知識はもとより、サービスマナー教育、茶道、華道、英会話や歩き方、話し方など、徹底した教育が行われます。

また、ミスパリエステティックスクールはNPO法人ソワンエステティック協会を通じて、年50回にも及ぶ、高齢者施設でのエステティックによるボランティア活動も行っています。

開校して早くも20年を迎えようとしているミスパリエステティックスクールは、今や大阪校と名古屋校は「学校法人ミスパリ学園　ミスパリエステティック専門学校」となり、続いて東京校も学校法人化され、二〇一〇年四月には「学校法人ミスパリ学園　ミスパリビューティ専門学校」として開校予定です。

調剤薬局「漢方倶楽部」オープンと撤退

サロンも10店舗余りになり、順調な成長をしていました。私は漢方薬の力を借りて、もっと早くお客様をきれいにできないかと考え、薬剤師達と一緒に陰陽五行説を半年に渡り勉強して漢方薬局をオープンしました。

しかしオープンしてみると、サロンのお客様達は喜んでくれませんでした。健康食品よりも漢方薬の方が安いのですが、お客様は「自分は病気ではないから、高くても健康食品がいい」とおっしゃるのです。

お客様のことをわかっているつもりでいた私は愕然としました。私はお客様の喜ぶことをしているつもりでいたのに、いつの間にか自分の考えをお客様に押し付けようとしていたのかもしれません。

1年間続けても売り上げは月150万円程度。今度は経営者としての自信をすっかりなくし、生駒山にある断食道場に籠もりました。

そこに追い打ちをかけるように、薬局オリジナルの薬湯に虫が湧いたと連絡が入り、腹を括り閉店を決めました。

この時、私は10店舗余りのサロンの成功で天狗になり、どんな商売でも自分ならできると思い違いをしていたのかもしれません。この失敗で、自分ができることはとても狭く、現時点ではサロンを経営するのが精一杯だと知りました。

それ以降、私は他の仕事には見向きもせず、エステティック一本でやってきました。

阪神淡路大震災で感じたお客様のありがたさ

色々ありましたが、それでも関西に12店舗を開き、サロンの売り上げは順調で、私達家族も平和に暮らしていました。

そんな時、阪神淡路大震災が起こりました。九五年一月一七日のことです。

主人が海外出張中であり、当時四歳と六歳の娘二人を抱いてどうしていいものか困惑していると、社員達から電話が次々と入りました。電話はこちらから掛けることはできませんでしたが、相手からの電話は通じていました。自宅を本部としてサロンの被害状況の報告を受け、指示を出しました。

お客様は大丈夫なのか、社員は無事なのか、安否の確認が続きました。この頃は社員数が約60人だったと思います。

私達の三宮サロンが大きく被害に遭い、お客様のカルテを持ち出すことがやっとでした。

私は社員達を避難所から探し出し、自宅や京都店の近所に住まわせました。

お客様達に連絡し、現金が必要な方にはお預かりしている代金を返金できることをお知らせしました。しかし返金を希望された方はたったの3名。「再オープンを待っています。頑張って下さい」と多くの方が再開を望んで下さり、優しい言葉に励まされました。

こんな時に病気だなんて言っていられません。その時、ぼんやりした頭がフル回転し始め、私は病気から脱出できたのです。38歳になっていました。

お客様がサロンの再開を望んでいるのなら、どこよりも早くサロンを再開しようと思い、五月八日にダンディハウス神戸店を再開しました。その時点でも、神戸店の前の道路にはビルが横たわっていました。

リスク分散で東京へ

神戸店を再開し、ほっとしたと同時に今度はものすごい不安が押し寄せてきました。今回の被害は神戸のひとつのサロンだけでした。もし大阪で大地震があり、多くの店が崩壊したら私は社員を守り切れるだろうか、お客様にお金をお返しできるだろうか、そう考えたら怖くなりました。

私は社員を集め、「責任ある会社として危険を分散したい」と話し、九五年九月には東京・

渋谷に、関東1号店をオープンしました。

この渋谷店は2カ月もしない間にお客様でいっぱいになり、新宿、池袋と次々にサロンをオープンできました。大阪でオープンして12年が経っていましたが、大阪の店長達を東京に送りましたので大阪は管理者不足になりました。東京でもオープンが続き、慢性的に人手不足でした。

東京に来ますと、お客様達は技術やサービスを誉めて下さいます。また「こんな値段でいいの？」「この3倍はとれるよ」とおっしゃって下さいました。

東京というところは人がたくさんいて、大阪と比べると商売がしやすいところです。大阪では少ない人口の中で、納得してお金を使ってもらおうとすると大変な努力が必要でした。ですから、私には苦労してお金儲けをするということが染みついていました。

東京にサロンを出して13年になり、私も今は東京中心に活動していますが、もう少し落ち着いたら、また大阪に帰ろうかと思っています。お客様に一生懸命に接することやサービスのマインドが低下しているのではないかと、思う時があるからです。切磋琢磨して自分に厳しく仕事をしていかないと、他社に追い越されます。私達の仕事はサービス業ですから、お客様に好かれることを一生懸命にやらないと、いつか飽きられてしまいます。

大阪のお客様達は手を抜かない一生懸命さを敏感に感じ取り、良ければ多くの売り上げを下さり、悪ければ何が悪いと怒って下さいます。分かりやすいので改善も早くできるのです。

シェイプアップハウスをミスパリと改名

八二年に「やせる専門店 シェイプアップハウス」をオープンしましたが、二〇〇〇年にお店の名前を「ミスパリ」に改名しました。長く通って頂いているお客様とお話している時に聞いた、「シェイプアップハウスという名前は、私達には可愛すぎるようになったわね」という言葉がきっかけでした。また、その頃のシェイプアップハウスは多くのお客様の要望から痩身だけでなく、美顔や脱毛、リラクゼーションなど、幅広い施術を行う総合エステティックサロンになっていたこともあります。

昔聞いた男性達の身勝手な話に、「料理を作らせたら中国人、結婚するなら日本人、恋人にするならフランス人」というものがありました。10年も20年も通って下さる大切なお客様達を「いくつになっても恋人にしたくなるチャーミングな女性にしよう」と思って「ミスパリ」と決めました。

近年、女性の社会進出が目覚ましく、スーツを着て颯爽と歩く女性達が増えました。「男は外に出ると7人の敵がいる」と言いますが、「女は17人の敵がいる」と私は思っています。まだまだ日本は男社会で、外に出ると女性はやはり適当にあしらわれることが多い。そのような中で女性が頑張ろうとすると、ついつい顔も言葉も態度もきつくなりがちです。これは女性が120％頑張り、無理をしているのです。これが今の日本の働く女性達の現状なのです。その張り詰めた緊張を優しく解いてあげて、可愛い女性に戻してあげるのが、ミスパリの仕事です。

そして、私は男も女も美しさはその人の持つ能力の一つと考えています。頑張る女性達をミスパリで美しくチャーミングに仕上げ、磨き上げ、仕事にもプライベートにも自信を持って華やかな人生を歩んでほしいと願っています。

大卒の採用を始める

「ミスパリ」が誕生する4、5年前、副社長が「大学生を採用しよう！」と言い出しました。その時代に大学を卒業した人達の中でエステティシャンになろうと考えている人はいませんでした。

しかし、エグゼクティブが集まるサロンで働くエステティシャンは大学で身に付けた知識や教養を生かせる仕事です。ですから、大学にも求人を出そうということになり、大学の就職課へ行ってみると、「うちの大学からエステティックの会社には学生を送れません」とけんもほろろに断られたこともありました。

東京での大学生の説明会に18人もの申し込みがあったと聞き、大阪から副社長と店長と人事の三人が勇んで出掛けると、思い切って借りたホテルの会場に一人の学生も来なかったこともあります。何回目かの説明会でやっと一人だけ来てくれたかと思えば、その一橋大学の学生は会社を間違えてやって来ていた、なんていうこともありました。世の中に認められない新しい職種の悔しさをいやというほど味わいました。

しかし、人のやらないことをやるのが当社の社風ですから、その後も懲りずに大学生の採用活動を行いました。入社してくる大学生は年々一人二人と増えていき、それから14年経ちましたが、今では社員の70％が大卒者です。お金もなく、歴史もなかったエステティックの会社が大学生の採用を始めたのですから、人事担当者の熱意と心意気に感じるものがあったのでしょう。平成二〇年度、リクルートの大学生人気企業ランキングでは、サービス業1万

700社中シェイプアップハウスは20位にランキングされるまでになりました。〇八年は2500人の面接をして150人を採用しました。倍率は約17倍というかなりの狭き門になってきています。当社では、今まで大卒者をエステティシャンとして育成してきましたが、大卒者は将来、営業・サロン管理などの幹部として活躍してほしいと考えています。

最近はエステティックを教える専門学校が増えてきました。大学全入時代と言われるようになった今、大卒と専門学校卒の差が小さくなってきています。しっかりと手を掛けて教育された専門学生の中には将来鮮やかに輝くであろうと思われる人材が少なくありません。今後は大卒採用の基準が更に上がっていくだろうと考えられます。

スパ・ゲストハウスをオープン

シェイプアップハウスがオープンして23年後の〇五年九月十日、「スパ・ゲストハウス」が大阪にオープンしました。

「一生通いたい」「もっとリラックスしたい」「個室がいい」「我侭に過ごしたい」「リッチな

気分を味わいたい」「もっと気楽に通いたい」という、ダンディハウスやミスパリのお客様の声から生まれたサロンです。そこで、ダンディハウスやミスパリに長年通って下さっているお客様が、例えば車椅子を使われるようなお歳になっても利用できるように、このゲストハウスはバリアフリーにしました。

以前から、人の心と体を預かるサロンの中で、20代の若者と、70代のシニアが一緒に並んで施術を受けることは少し辛いものがあるように感じていました。人によってはあまりにも生命のリズムが違いすぎて、お客様をイライラさせたり、急がせたり、疲れさせてしまっているのではないかと思うことも度々ありました。

ダンディハウスやミスパリはお客様の理想を叶えるサロンです。お客様がなりたい自分になれるように、技術や指導法をシステム化し、その効果や安全性が信頼の高い研究機関で検証されることによって、私達は自信とプライドをもってお客様をきれいにすることができるようになりました。

その分、お客様には様々なお約束やお願い事があります。エステティシャンはできるだけお客様が辛く感じないよう、楽しく通えるよう、やる気を維持してもらえるよう、心理学を応用した様々な接客法や指導法を行ないながら、サロンへの通い方、食事の制限、ホームケアなどのお願いやお約束をします。このようにエステティックはあらゆる面で進化し、ダンディハウスやミスパリは日本はもちろん、世界でも最先端の効果が実証されている技術や指導法で運営されているのです。

ゲストハウスはそれとは違って、お客様に癒しやリラクゼーションを提供することをコンセプトに、免疫力を高め、健康で快適な人生を送ることを提案し続けます。そして、それによって優しく豊かな人間作りに貢献することをゲストハウスは目指しています。

ゲストハウスは、世界でも最上級のスパとして、決してお客様の期待を裏切らない場所であり続けられるよう、スタッフは海外でも話題のスパを体験し、どこにも負けないサービスを維持しています。

このゲストハウスは最近、企業のＶＩＰの接待に使われることも多くなってきました。お酒や食事の接待はカロリー制限をしている人には半分迷惑ですし、ゴルフ接待は時間が長くかかります。ゲストハウスなら、ご夫婦ともに喜んで頂けます。気持ちがよく、健康にもいい、また美しくもなれるということで喜ばない人はいないので、大変好評です。スパコンビネーションと呼ばれる、ボディとフェイシャルを両方やる技術は3万円以上もしますが、そのチケットを１００枚ずつ購入する企業もある程です。

二〇〇六年から始まった、ミスパリエステティックスクールのマスターコースは、ゲストハウスで働くスパセラピストをイメージして作られたコースであり、ゲストハウスのほとんどのスタッフはミスパリエステティックスクールのマスターコースを卒業した人達です。全員がある程度の英語を話し、海外からのお客様にも対応できるようになっています。

マスターコースもゲストハウスと一緒に成長しながら、メイドインジャパンのエステティックにこだわっていきたいのです。マスターコースは、二〇一〇年度よりコース名を、スパセラピスト学科とし、さらにバージョンアップしていきます。

ミスパリダイエットセンターが誕生

ミスパリの前身であるシェイプアップハウスは、オープン当時になぜ痩身の専門店にしたのかといえば、その時豪華な設備の総合エステティックサロンをオープンする資金がなかったからでした。

自分の能力や資金力に見合い、一番興味のあった痩身に特化したサロンを作ったことが始まりでした。サロンの立地や内装をお客様に我慢して頂く代わりに私達が差し上げられるもの、笑顔や気遣いや丁寧な技術をお客様に提供しました。

その後、お客様の要望でサロンが増え、美顔や脱毛のメニューが増えました。多くのお客様に支持して頂き、いい業者さんに恵まれ、質の高い社員が働くようになり、豪華なサロンができていきました。

最初のオープンから20年以上が経ち、何かが足りないような気がしてきました。サロンが少し寂しく感じられました。なんだかサロンも社員も上品になりすぎて、お客様も社員も思っていることを口に出せないようなサロンになっているのではないかと心配になってきたのです。そして、二〇〇五年に「やせる専門店 ミスパリダイエットセンター」をオープンしました。23年前の初心に戻り、痩せることに一直線のやせる専門店を作ったのです。

また、私がその年の夏に身を切られるような体験をしたことも理由の一つでした。

当時、16歳の娘に拒食症の傾向がありました。私は娘と一緒にカウンセリングを受けました。家庭環境に問題があったのか、過度のプレッシャーを与えているのではないか、目標が高すぎるために一番身近な体重という数字目標をクリアすることでまわりに認めてもらおうとしているのではないか……。私は悩みました。そして、カウンセリングに通いながら、娘を総合エステティックサロンのミスパリに通わせることにしました。ミスパリは18歳以上の女性が通うサロンですが、無理を言って通わせてもらったのです。「正しいダイエットを教えてあげて」とスタッフに頼みました。スタッフの「かしこまりました」という言葉に、今までの緊張が緩み、私は救われる思いがしました。

現代の若い人達は、素直で一途ないい子達が多いと思います。しかし色々なことに対して幅広い応用が効きにくく、何事にも一生懸命過ぎて視野が狭くなってしまい、ダイエットもやりすぎて、美しさや健康、心の豊かさをなくしてしまう人達が多いように思います。私は自分と同じような辛い思いをしている母親達のために、十代の子供達にも対応できるダイエットセンターを作りたいと思ったのです。

たくさん食べさせて、たくさん運動をさせて、たくさん笑って、たくさん勉強もする。頭も体も育ち盛りの子供達に、正しいダイエットが指導できることを願っています。

もちろん、ダイエットセンターは子供達だけでなく、美しく健康的に痩せたいと願う全ての女性達の場所です。ダイエットのプロとして、栄養学やスポーツ科学、心理学などを身に付けたダイエットカウンセラー達が、優しく、明るく、元気よく、目標達成を手伝いながら、体重に囚われすぎないタフで健康的な体を作っていきます。

また、あらゆる人に対応するために、センター、スポーツジム、宿泊施設、食品、機器などのダイエットに関するさまざまな開発も今後も行っていく予定です。

ダイエットセンターの最終目的は、痩せたいと願う多くの人達が利用できるように低料金で通えるシステムを編み出すことです。料金を安くするということは、ものすごい数のお客様に来てもらわなければなりません。そのことを頭において、日本中にファンを増やそうとしています。

『世界優秀女性起業家賞』受賞

この2つの新しいブランドがオープンする少し前の二〇〇五年五月に『世界優秀女性起業家賞』を頂きました。私は社員や多くのエステティシャン達を表彰することはありましたが、自分が仕事で表彰されるのは初めてのことでした。

カナダのバンクーバーで授賞式がありました。ブリティッシュコロンビア州知事やバンクーバー市長、ロータリークラブの会長も祝って下さり、それは盛大な祝賀会となりました。

授賞理由は次のようなことでした

・一九八六年に日本で初めて男性専用エステティックサロン「ダンディハウス」をオープン

し、時代の先駆者であったこと。
・エステティック技術とサービスで世界共通の品質管理と保障の基準であるISO9001:2000を認証取得したこと。
・売上、収益共に毎年確実な成長を遂げており、長く通う多くの顧客に支持されていること。
・長年、エステティック業界の理事・教育委員、試験官などに携わり，AEA教育制度や日本エステティック連合美容電気脱毛検定制度を作り上げ、日本のエステティック業界に大きく貢献したこと。
・長年のエステティックスクールの運営により、多くの教育を受けたエステティシャンを養成し、日本のエステティシャンの質の向上に貢献したこと。
・NPO法人ソワンエステティック協会の介護予防エステティシャン養成制度の設立や老人ホームでのボランティア活動などの功績

以上のようなことが世界的に認められ、受賞となりました。

当時の日本のエステティック業界は玉石混淆で、キャッチセールスやマルチ商法、多重販売、風俗とさまざまな業者が入り乱れていました。エステティックというと、業種としてダーティーなイメージを持たれていました。私はこんなにお客様に喜んで頂いているのに、業界として悪く言われることが多く、悔しい思いをしてきた二十数年でした。
しかし、世界の友人達が「よく頑張ったね」と心からのお祝いをしてくれたのです。とても嬉しい出来事でした。

ボランティアでエステティックの技術を生かす

授賞式のためにバンクーバーに1週間滞在している時、バンクーバー在住のギャラリー経営者がディナーに招待してくれました。そこで、経営者の女性がやっているエステティックのボランティア活動について話してくれました。

彼女はバンクーバーの多くのエステティシャン達に協力してもらい、女子刑務所でエステティックのボランティアをやっているそうです。

それも売春婦が相手です。売春婦は他人から大切に扱われたことがなく、自分を大切な人間と思っていない人がほとんどだそうです。エステティシャンによる施術は、手を通して優しさや労わりを伝えることができます。他人に優しくされた彼女達は、自分は大切な人間なのだと気づき、自分自身を大切にするようになる。そうすれば売春ということから足を洗えるようになる、ということでした。

その話を聞き、「私達の仕事はこんなに尊いことができる仕事なのだ。自分にも何か使命があるのではないか」と思い立ちました。

日本ではエステティシャンの教育制度は遅れ、エステティックを見る世間の目は今も厳しい。それでも、真面目に本当にお客様のために働いているエステティシャンは数多くいます。ですから、エステティシャンの仕事を、例えば医者や看護師のような、もっと社会的に評価されるものにしたい。エステティシャンの努力が認められる業界にしたい。それが私の使命なのではないかと改めて思ったのです。

そのためには教育が一番だと考え、より教育に力を入れていこうと思いました。

現在、ミスパリのスクールや専門学校では、老人施設にて美容のボランティア活動を行っている。

エステティック専門学校を作る

一九九〇年に立ち上げたミスパリエステティックスクールは、二〇〇八年には、全国に8

校になっていました。

専門学校に初めてエステティシャンコースを作ったのもミスパリです。カリキュラムを作り、ミスパリエステティックスクールから専門学校に講師を派遣し、専門学校でのエステ学科を成功させると、トータルビューティ学科としてエステティックを教える専門学校が増えました。しかし、当時、いいエステティシャンを育てられる学校が少なかったのです。学校側が、エステティックサロンの現状をまだ良く解っていないということも一つの理由でした。

そこで、サロンオーナーもお客様も喜ぶエステティシャンづくりを目的に、エステティシャン教育のお手本となる専門学校をミスパリが自ら開校することに決めました。

エステティックは人気があって生徒が集まるからという理由だけでエステティックを教える学校が、いいエステティシャンを育てられる訳がありません。せっかく2年間も学ぶのであれば、生徒達にとって得るものがたくさんあってほしいと願ったこと、そして生徒達のためにも「エステティック」という言葉を広く世間に認知させたいと思っていたこともあって、学校名を「ミスパリエステティック専門学校」としました。

専門学校を作りたかったのには他にも理由があります。まず専門学校（正しくは専修学校）を卒業すると「専門士」という称号が与えられます。専門士の称号があると、大学に編入もできます。

また、専門学校になると、生徒達は学割定期が使えるようになります。これは生徒にとって大きいようです。

また、いくら充実した授業内容のスクールであっても、「スクール」では、パソコンスクール、ヨガスクール、英会話スクールと同等にみられ、高校の先生も進学先として勧めてはくれません。専門学校なら、高校の先生達も安心して勧められるようです。

大阪と名古屋の本社ビルにあるスクールを学校法人化し、エステティック専門学校を作ろうと思いました。しかし、法人化するには、土地もビルも寄付しなければなりません。大変な選択でした。それでも、二〇〇八年四月、大阪と名古屋に初めてのエステティックの専門学校であるミスパリエステティック専門学校を開校しました。

日本のエステティック業界では、統一認定エステティシャンに必要な学習時間はたった三百時間でスタートしようとしています。しかし、欧米の先進諸外国では2～3年間はエステティックを学んでおり、エステティシャンはすでに国家資格制度となっています。ですからミスパリエステティック専門学校の学習時間は2年間で2085時間であり、世界で通用するグローバルスタンダードの授業のカリキュラムを作りました。つまり、日本でエステティックを学ぶ学校としては、随分と先を見据えた学習時間と学習内容になっているのです。

さらに、二〇〇九年からは私の母校でもある池坊短期大学に本格的なエステティック学科ができ、ミスパリが授業のお手伝いをしています。

日本のエステティック業界には、長い間、資格も何もありませんでした。私は教育を受けたエステティシャンが多数輩出されれば、業界のレベルアップに繋がり、これが業界の健全な成長と発展、エステティシャンの地位の向上と確立に繋がると信じています。

それを強力にバックアップする組織として、NPO法人、ソワンエステティック協会を二〇〇四年に設立しました。ここでは、エステティック学術会議や講習会、試験対策講座やボランティア活動を行っています。

ミスインターナショナルを驚かせたエステティック

私は二〇〇七年からミスインターナショナルの審査員をしています。

翌年、京都の国際会議場でミスインターナショナル日本代表選があり、マカオで「08ミスインターナショナル」が決まりました。

「08ミスインターナショナル」に輝いたスペインのアレハンドラさんが来日した時、優勝のお祝いパーティを私の自宅で行い、スペインやポーランド、コロンビアの駐日大使なども招いて、国際交流を深めました。

各国のミス達も来日し、東京のミスパリのスクールを訪れ、美しさの秘訣を話してくれたり、歩き方の指導などもしてくれました。

63名の各国代表のミス達は、エステティックミスパリ新宿店、赤坂店、銀座店、池袋店を訪れ、全員が日本のエステティックを体験しましたが、「ミスパリマジック」の効果と技術力の高さに驚嘆していました。

2007年からミス・インターナショナルの日本代表選出大会の審査員に。写真の2008年選考大会でもデヴィ夫人らと共に選考委員を務めた。

25周年の目標は「世界一受けたいエステをつくる」

25周年を迎え、いよいよ二〇〇九年から世界進出が始まりました。日本のおもてなしの心、最先端の機器、高品質の化粧品をもって世界にメイドインジャパンのエステティックを知ってもらおうと思っています。

私が審査員をしているミスインターナショナルの行事は国土交通省の「ようこそジャパン」キャンペーンに参加しています。海外からの旅行者は今後の日本の経済発展に不可欠なものだと思います。

世界中の人々は、エステティックやスパを求めて世界中を旅行しています。バリやタイはスパの魅力で多くの観光客を呼び込んでいます。日本にも日本ならではのスパがきっとあります。世界を見ながら、メイドインジャパンのスパ・エステティックを作り上げていきたいと考えています。

エステティックは人を幸せにする仕事です。

私はこの仕事を天職と考え、この道一筋で歩いてゆきたいと考えています。

シェイプアップハウスの六つのブランド、五つのサービス

シェイプアップハウスは一九八二年創業の会社です。国内3社の売り上げ合計は二〇〇八

年128億円、経常利益が8億3000万円でした。

社員数は二〇〇九年四月で900名を超し、サロン数は130店舗となりました。

ここまでシェイプアップハウスの歴史を書いてきましたが、現在の当社の業容をまとめてご紹介します。

まずみなさんに身近なブランドは六つ。

①ダンディハウス

一九八六年に「日本にいい男を作ろう！」とオープンした男のエステです。男性を磨きあげて、世界を相手に大活躍、大成功する男を作るというのがここのミッション。政治家や経済人、スポーツ選手など各界で活躍しているお客様が多いことでも知られています。

イメージキャラクターにリチャード・ギアや桑田佳祐などを起用し、メンズエステでは日本初、また世界初ということで、高い評価を得ています。

②エステティック・ミスパリ

二〇〇〇年にやせる専門店のシェイプアップハウスからミスパリと改名した女性用エステサロンです。いくつになってもチャーミングで、恋人にしたくなる女性を作るのがミスパリのミッションです。ミスパリは長い間、宣伝をせずに、紹介のお客様だけが通われていたサロンです。二〇〇七年からは広告をして幅広いお客様に利用して頂けるようにしました。広告に登場してくれている藤原紀香さんもミスパリの大ファンで、いつも通ってくれています。

③ミスパリダイエットセンター

ダイエット一直線、痩身専門のサロンです。ここのミッションは正しく健康的に痩せさせること。体育大学の卒業生や栄養士などダイエットのプロがそろっていて、明るく楽しいセンターになっています。美しく健康的に痩せたいと願う全ての女性達のためのサロンです。そして、過度なダイエットを心配なさるお母様方からお嬢様をお預かりし、しっかり食べて痩せることの指導も行っています。

あらゆる人に対応するために、センター、スポーツジム、宿泊施設、食品、機器等のダイエットに関するさまざまな研究、開発、調査も行っています。

④スパ・ゲストハウス

最高の技術と接客マナーが自慢のリラクゼーションスパです。世界中の美と長生きの秘訣が凝縮されており、生きる力と免疫力を高めることがスパ・ゲストハウスのミッションです。

施術内容は瀬戸内海の塩をふんだんに使った全身塩マッサージ、二人のエステティシャンが行う究極のフォーハンドマッサージ、バリニーズ・マッサージ、ゲストハウスパッションなど、この世の天国のような気分が味わえるスパです。このスパは二〇一〇年にマカオの5つ星ホテル、『凱旋門ホテル』の中に「和スパ」という名前でオープン予定です。

⑤ミスパリエステティックスクール、エステティック専門学校

美しく聡明で品格あるエステティシャンの育成を教育理念に、一九九〇年に開校しました。エステティックの各種試験の合格率は日本一。また授業時間は300時間、1000時間、2085時間、3085時間のカリキュラムがあり、日本初の世界基準のエステティック学を教える学校でもあります。現在二つの専門学校と六つのスクールがあります。二〇一〇年四月には、東京池袋に三つ目の専門学校として「ミスパリビューティ専門学校」が開校予定です。

ミスパリで学ぶ際の特徴は、試験のためのエステティックの技術ではなく、お客様が実際に綺麗になって、お金が頂ける上級の技術や接客法を学んでいます。

最近のミスパリスクールで学ぶ人達には、手に職をつけたいと夜間や土曜コースのダブルスクールで通う大学生や社会人が増えています。

⑥ミスパリプロダクト

自然派化粧品、健康食品、エステティックオリジナル機器などの製造販売を行っています。二〇〇九年からアジア向けの輸出を始めます。

ミスパリプロダクトは、エステティックサロンの技術効果を上げるために、プロ専用化粧品、健康食品を作ったのが始まりです。商品は、技術や機器に商品を組み合わせることにより、抜群のエステティック効果を出すことができるように作られています。

ミスパリプロダクトは、化粧品、健康食品、機器、備品の開発から仕入れ、発送全てを一貫して行っています。

ダンディハウスやエステティックミスパリと他のサロンの大きな違いは、技術と化粧品、機械との組み合わせによる効果の出方が抜群で、この効果は、大学や医療機関でも証明されています。

現在も東京大学医学部研究科に「アドバンストスキンケア　ミスパリ講座」を置いて、エステティック効果の検証や商品開発を行っています。

では、この六つのブランドを通してシェイプアップハウスが行っている六つのサービスを簡単に紹介します。

①身も心も軽くなる痩身コース

「5～30kgの減量」「気になるお腹や足を細く引き締める部分痩身」「運動不足解消」などのためのコースです。機械や熱を使うと、自分で運動するより1・4倍の運動量をこなすことができ、全身の筋肉をまんべんなく鍛えることができます。わずか30分寝ているだけでマラソン1時間分の運動量をこなすことができる機械も揃っています。

自分ひとりではなかなか痩せられない方や短時間に効率よく運動したい方、ボディラインを若々しく引き締めたい方、メタボリックシンドローム対策が必要な方が利用されています。

②第一印象をよくする美顔コース

シミやたるみ、にきびのない若く美しいお肌を作ります。一番人気はフェイススリムという技術で、これは昔多くのハリウッド女優達に好まれた技術です。私はマリリン・モンローに施術をした先生からこの技術を教わりました。顔がキュッと引き締まり、10年前くらいの若々しい顔に変ってきます。週2回ずつ4週間も通えば、「顔が若返った」「顔が変わった」と周りの人達に言われる技術です。お試しコースはかなり簡単なコースになっていますの

「フェイススリム」効果検証結果報告

フジサンケイグループのシンクタンク・エフシージー総合研究所（フジテレビ商品研究所）にて、ミスパリ・ダンディハウスで行っている、ハリウッド生まれの顔痩せ施術「フェイススリム」（フェイスコントーリング）の効果を検証しました。

【期間：平成17年1月～平成17年4月／対象者：やや肥満傾向の健常な男女／モニター：10名／モニター年齢25歳～61歳／施術回数：フェイススリム（週2回×3ヶ月間、合計24回＋生活指導）／計測回数：スタート時・4週目・12週目】

モニター全員が効果を実感！　満足度100%

15項目におよぶ自己申告アンケートの結果、すべての項目で改善傾向が見られました。また、美容専門家による診断でも20項目中、実に17項目において改善傾向が見られた。モニター全員が肌質の違いや顔痩せなどの効果を実感し、満足したことは、検証をした美容専門家も驚きの結果となりました。

●肌色　L度（明度）

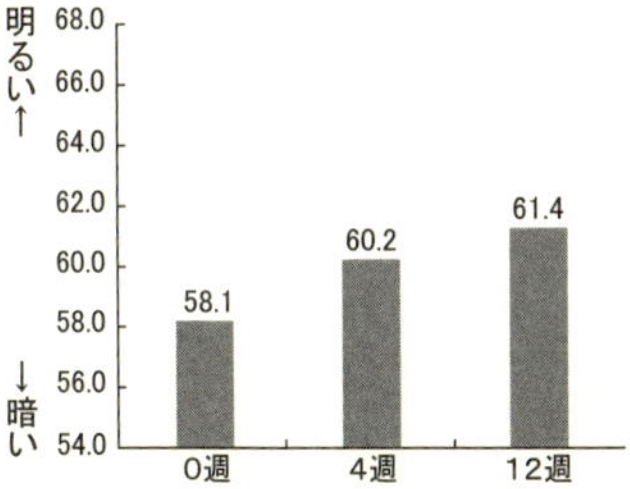

肌の明るさが増し、赤みが減少したことにより、透明感のある若々しい素肌に近づき、また吸引の高さや吸引回復力が上がったことにより、皮膚が柔らかくなり、弾力のある素肌に変化したことがわかります。

●肌弾力（吸引の高さ）

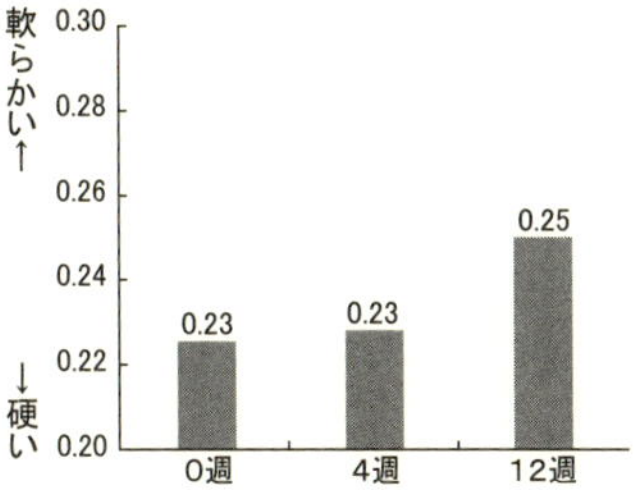

他にもNECエンジニアリング社製「3DデジタイザDanae100SP」測定結果により、フェイスラインの無駄なぜい肉が落ちていたり、「シワレプリカ」解析結果により、しわが浅くなり、きめが細かくなったことがわかります。

で、できればフルコース体験をお勧めします。

③清涼感アップの脱毛コース

気になるムダ毛やひげの脱毛です。お客様の要望によって量を少なくしたり、デザインしたり、あるいは完全に毛のないつるつるの状態にします。ダンディハウスで一番多いのは、ひげ脱毛です。顔の脱毛はかなりの技術力が必要な為、「顔の脱毛ならダンディハウス」と言って利用される方が多くいます。

④ストレス解消のリラクゼーション

首や肩などのこりや、体の疲れをとり、リフレッシュするコースです。究極のリラクゼーションを提供するサロンとして、3店舗あるスパ・ゲストハウスで行われています。気持ちがよく、健康にもいい影響があるコースで、企業の接待にも使われ、大変に好評を得ています。

⑤ブライダルコース

結婚式前の花嫁や花婿磨きのコースです。

人生において最大の晴れ舞台である結婚披露宴に向けての美顔と痩身、脱毛のコースです。最近は女性ばかりでなく、男性のお客様も多くなっています。

⑥ミスパリ、ダンディハウスの全身美容

二〇〇九年春に発表した新技術です。歯のクリーニングや爪の手入れと同じように、全身の毛穴の汚れを落としたり、古い角質・アカを酵素やブラシで科学的、物理的に落とし、さわやかで清潔な美男美女を作るコースです。若い方はもちろん、加齢臭が気になり出した中高年の方にも多く来て頂いています。

この全身美容は入会金も不要で、一回ごとに支払われるお客様が多い技術です。1回150分で3万1500円（二〇〇九年十月現在）という設定にしています。もちろん、歯の手入れや爪の手入れと同じように定期的に通うことによって美しさを保つことができますので、定期的に通うことをおすすめします。

4章　他の会社と違うことをやってきた

どこよりも早く最新技術を取り入れ、技術者養成にも力を入れるなど、いつも時代を先取りして成長し続けているシェイプアップハウス。他社からは「真似できない」と言われることも多い。

97%が認定エステティシャン

私はエステティック業界の理事や教育委員や試験官など数多くの役職を務めて来ました。そのような場を通して、できるだけ業界の現状を知り、お客様の喜びとともに業界の発展があったらいいと考えたからです。

しかし、私が発言すると、「それは理想論でしょう」と言われてしまいます。「お客様が喜んで下さることが一番です」「エステティシャンは勉強しますよ」と言っても、「夢みたいなことばかり言って」「理想ばかり言っていても仕様がない」などと発言を遮られてしまうこともありました。

日本にはエステティシャンの公的な資格制度がありません。フランス、スイス、イギリスなどではエステティシャンの国家資格制度が確立し、身分が保障されています。その結果非常にレベルの高い仕事をすることができるのです。

日本でもやっと業界統一のエステティシャン資格制度を作ろうという動きがあります。私は、お客様の心と体を預かるエステティシャンには、1年から2年（千時間から二千時間）

は学んで欲しいと考えています。美容師で2年、看護師で3〜4年の勉強をしている現実があるからです。

とりあえず、業界統一の認定エステティシャンは三百時間相当の勉強をした者ということでスタートしようとしています。初めはこの業界統一認定制度にしても「そんな夢みたいなこと」と言われてきました。しかし、シェイプアップハウスでは二〇〇〇年以前より現在に至るまで97％の社員が認定資格を取得しています。夢でもなんでもありません。今では他のサロンでも、30％近くのエステティシャンが認定資格を持っているといいますから、だんだんと理想論ではなくなってきています。二〇一〇年四月からは千時間の勉強が標準化され始めます。すでにミスパリのスクールでは、二千時間・三千時間の勉強をスタートさせています。

やきもきする程時間がかかりますが、自分達で証明して業界の皆さんの理解を頂くしかありません。「エステティシャンが勉強すると、お客様が喜び、売上は上がる」「きちんとしたデータがあるとお客様は安心なさる」「効果が出ると、追加が頂ける」「接客マナーがいいと、紹介が増える」「サービスの内容をお客様に押し付けるのではなく、お客様の喜ぶことをすること」といったことはすでに私達のサロンで実践してきたことです。規則を守ったり、勉強をすることが重荷ではなく、実は業績を上げるための一番手っ取り早い方法なのだということを証明し続けて行きたいと思っています。

私達の会社がそれで成功し業績が上がっているとなれば、他社も私達のやり方を真似ようとするでしょう。そうなれば、多くの方に「エステティックってすばらしい」「顔や体はエステティシャンに任せたい」と思ってもらえるようになります。エステティックのファンが増え、市場も拡大して行きます。

また、ミスパリのCMでのエステティシャンの振る舞いや身だしなみは、すでにエステティシャンのお手本になっています。ミスパリエステティックスクールのお辞儀のスタイルを「ミスパリスタイル」と呼び、多くのエステを学ぶ生徒達が真似をしてくれるようになりました。髪もきちんと結うようになりました。エステティシャンに夜会巻きスタイルの髪型が定着するようになったのは、実はミスパリが最初で、それが業界全体に広がったのです。このように、いい影響を与えていければエステティック業界が変わる、と思っています。

一流のエステティシャンを育てたい

一九九〇年にミスパリエステティックスクールを開校した頃、当時のエステティックスクールのカリキュラムは、「3日間コース」「5日間コース」が主流でした。そこでミスパリは、「3ヵ月のコース」からスタートし、本格的なエステティシャン教育に乗り出しました。当時はお金を出して学ぶ人は自分でサロンをオープンしようという人だけでした。サロンをオープンしようとしているオーナーは、他にもすることがたくさんあるので、勉強はできるだけ短く、サロンに飾るデュプロマがもらえればいいと思う人が多かったのです。しかし、中にはしっかり勉強してサロンをオープンしたいと思っている人もいて、そういう人がミスパリを選んで入学して来ました。そんな事情から、スクールは10年以上も赤字続きでした。

また、その頃のエステティック業界は社員教育が追いつかないまま、サロンもお客様も増え続け、比例するようにトラブルも増え、消費者センターの相談件数はどんどん増えていきました。当社とは無関係の出来事とはいえ、それを横目で見ながら、悲しく悔しい思いをしていました。

しかし、次第にエステティックに対して憧れをもってくれる若い人も増え、エステティシャンとして働きたいという人達がエステティックを学ぶようになり、養成学校も増えました。私は、「これでちゃんとエステティックを学んだプロのエステティシャンが養成され、そのレベルが上がり、ファンが増えて業界の発展につながる」と喜びました。

ところが、この養成学校の卒業生を採用してみて、職業人として実践的な教育がなされていないことが分かりました。机上のお勉強をして来ているのです。当社の新入社員研修も3ヵ月目になると、2年間エステを学んで入社した子と、全く勉強しないで入社した子との差がたいしてなくなってしまうのです。こんなことではいけない、こんな状況が続くと、エステを学ぼうとする人が減ってしまう。エステを学んだ限りは知識も技術も接客力も断然差があり、「ああ、私は学校に行って良かった」と行かせてくれたご両親にも感謝できる程のことが身に付かなければ、学ぶ人がいなくなると思ったのです。そこで私は、生き残りをかけて専門学校を開校しようと決意したのです。

いいエステティシャンを育てなければ業界の発展はない

ミスパリエステティックスクールと専門学校では、カリキュラムの基準を日本の三百時間ではなく、グローバルスタンダードの二千時間以上の独自カリキュラムを作りました。

当校では、エステティックを美学として学びます。解剖学や栄養学、心理学はもとより、フェイシャルやボディケア、メイク、ネイル、リフレクソロジー。専門的にはアロマテラピーやフィトテラピー、ナチュロパシー、脱毛まで、ビューティのあらゆることを学んでいきます。

また、授業の中にはサービスマナーや英会話、華道、茶道の授業も取り入れ、世界で活躍できるインターナショナルなエステティシャンの育成を始めました。これほど高いレベルの学校を作ったのは、よいエステティシャンが育たないと業界の繁栄がないと切実に思っているからです。

このような教育姿勢が認められ、当校には帝国ホテルのエステティックや、フォーシーズンズホテル、ペニンシュラ、グランドハイアットなどの名門ホテルのスパからもエステティシャンの募集がくるようになりました。

三百時間でもまだ足りない

私達のミスパリエステティックスクールと専門学校では、300時間、1000時間、2085時間、3085時間のエステティックカリキュラムを持っています。日本のエステティックの学校で二千時間を超えるカリキュラムを持っているところはたぶんミスパリだけでしょう。

今までにシェイプアップハウスが採用したエステの学校を卒業した社員達を見ていると、三百時間学んだ人は、仕事についていけなくなってすぐ辞めてしまう人が多い。一千時間学んだ人は手つきがよくて、どんな技術もすぐ身につけることができ、活躍している人が多い。二千時間の人は、高級ホテルのスパでも働ける技術とマナーを持っていて、技術力の高さでお客様に大人気。そのようなことが分かっています。

エステティック業界の関係者の中には、エステティシャンの勉強など三百時間でも多過ぎるという人もいます。しかし、お客様達は、たくさん勉強してほしいと願っています。安心して体を任せたいと思っているのです。

ミスパリのスクール（専門学校も）の2年コースでは2085時間、3年目のマスターコースを含めると合計3085時間の勉強をします。現在、これだけ充実した

ソワンエステティック協会主催の学術会議。エステティシャンが最新の知識を学んだり、交流を深めたりする。

カリキュラムを持つ学校は国内には他にありませんから、私が客であるなら学校に拍手を送りたいくらいです。

シェイプアップハウスのエステティシャンは、2年間の勉強をしてきた人が多くなっていますが、大学卒の新入社員はエステティックの素人もいます。この社員達にも、1年間で千時間以上のOFF-JT（職務中や職務の遂行を通して行う社員の教育訓練活動）とOJT（職場を離れ、日常業務外で行われる教育。集合研修、講習会の教育など）の教育を行っています。

私は業界の教育制度立案の委員として、エステティシャンの関わる仕事の重要性と、お客様の期待の大きさを一貫して説いてきました。諸外国では2年も3年も勉強しているような職業を、経営者の都合と楽に働きたいという一部のエステティシャンの甘えから、地位の低いものにしてはならないと訴えています。お客様の私達に対する期待は非常に大きいのです。

シェイプアップハウスの社員は優秀ですから一流企業でOLになることもできたでしょう。または、資格は取らなくてもいいよという会社で働くこともできたと思います。しかし、うちの社員達は「美しく健やかな人づくり」を通して社会に貢献しようと集まった仲間達です。これほど意識が高く、よく働き、よく学ぶ若者達が他にいるでしょうか。

当社は、彼らのためにしっかりと学ぶ時間を取る必要があると思っていますし、彼らの努力を見る度に、エステティシャンの社会的地位をもっと上げていきたいと考えています。

そして、そのためにミスパリエステティックスクールや専門学校を作り、またソワンエステティック協会でもステップアップの為の講習を受けられるようにしています。

他社と違うのは「信頼感」

「どうして会社が給料を払いながら、そんなにまで勉強をさせるのか」「勉強させてもすぐに辞めるから無駄ではないか」ということをよく言われます。この言葉の裏にあるものは不信感だと思っています。社員であるエステティシャンに対する不信感です。

質問される方は社員が簡単に辞めたり、会社を裏切ったりするのをたくさん経験したのかもしれません。しかし、私は不信感で社員は育たないと思っています。

ですから、シェイプアップハウスが他の会社と違うことといえば、「私が社員を信頼していること」なのです。「この子達だったらやってくれる」「この子達に任せておけば大丈夫」と思っていることが、他の会社と大きく違うところかもしれません。そして社員達も信頼されたからには、手を抜かずにベストを尽くし、応えようとしてくれます。

信頼されていると仕事にも一生懸命になり、良い結果も出せる。達成感も持てて楽しく働ける。幸せになれる。そして、お客様がそんな幸せなエステティシャンのいるサロンにいらっしゃれば、お客様自身も幸せな気分になれる。人生が豊かになる。私達の仕事は、お客様を幸せな気分にする仕事ですから、社員が幸せでなかったら、そうして差し上げることはできません。

そして、社員を幸せな気分にさせるのは、社長である私の仕事です。ですから、前にも書きましたが、社員はきっとこの位のお給料は欲しいだろうし、成長実感も欲しいだろうということを考えます。

最近は若い人でも、仕事をさぼりたいとか、手を抜こうと思う人はあまりいません。「どうにか活躍したい」と思っていますから、それが上手くいかないと悩んだり、あるいは辞めていったりします。

ですから社員も売上が上がって、多くのお客様でサロンが忙しい時は、ご機嫌です。下がると落ち込みますから、忙しくなるようにしなければいけません。では、売り上げを上げるためにはどうしたらいいのか。

それは、お客様の喜ぶことをやれば良いのです。

そのやり方を一生懸命に考え、実行に移すのです。それが社長の仕事だと思っています。

「メイドインミスパリ」――自分達が使っていいものだけを勧める

また、商品にしても「業者さんがいいと言っているから、売って下さい」とか、「これが流行っているから売って下さい」という売らせ方はしません。まずは自分達が使ってみて良いと思う物をお客様にお勧めしたらいいと教えています。いい商品は多くの人に教えてあげたくなります。ですから、エステティシャン達が人に教えてあげたくて仕方ないと思える商品を揃えなければなりません。お客様より先に、エステティシャンの厳しい目をパスしなければならないのです。

私達は物珍しいから売るというようなこともしません。新しい商品を導入するにも1年半から2年くらいは研究や試行錯誤を繰り返し、そのあとでやっとサロンに出します。商品にしても技術にしても、よく「メイドインミスパリ」というような言い方をされますが、本当に「自分達で責任を持って選び、作る」という手間のかかる事をやっている会社でもあります。

手間とお金がかかっても新卒の正社員が一番の戦力

前章でも少し書きましたが、オープン当時は中途採用をしていました。新聞などに求人を出して、面接をしました。

その頃、仕事で何が一番辛かったかといえば、一緒に働きたいと思える人が面接に来てくれないことでした。それでも、いつも猫の手も借りたいほどの人手不足だったので、選ばずに採用しなければなりませんでした。一人で働きたいと何度も思いました。

しかし、サロンで電話を受け、来て頂いたお客様の施術から会計まで全てを一人ですることはできません。やはり計算してみると「一人ではやっていけない。人を使わないと、借金も返せない」と分かりました。しかし、どうやったら、良い人が来てくれるのかが分かりませんでした。

仕事を始めてから5年程経った頃、初めて新卒を採用しました。今のハローワーク、その頃の職安に頼んで、高校に求人募集をして採用しました。そうしてみたら、新卒の高校生を育てるほうが早いことがすぐに分かりました。

その子達はピカピカの社会人1年生ですから、私を先生と尊敬してくれて、教えることは素直に吸収してくれました。その子達のうちの一人は今も働いてくれています。その時に「わあ、なんて社員はかわいいんだ！」と思いました。

もちろん、中途採用の人達でも優秀な人はいて、シェイプアップハウスでも長年働き、会社を支えてくれている人達もいます。

しかし、その頃に中途採用した人達は、喫茶店でウエイトレスのアルバイトをしていたとか、高校を退学してブラブラしているという人達でした。まだまだ新しい職業でしたから、一般に言ういい人材は来てくれません。

採用すると、2週間ほどは朝から晩までレッスンをします。そして「では、お店に出て下さい」というと、その日に辞めてしまう人もいました。朝は働いていた社員が、昼にはいなくなっていたなんていうこともありました。

そういう働き方をする人をずっと見てきていたので、新卒の高校生はよく働き、可愛いと思いました。ですから、やはり一からきちんと教えようと思ったのです。

当時、エステティシャンという職業の人が日本に少なかった為、面接に経験者が来ることはなく、社会人経験者でも、新卒者でも、18歳でも30歳でも一からエステティックを教えるのですから、習得する時間は同じです。

社会経験のある人が、とくに接客が上手で、マナーが優れているということもありませんでした。今では中途採用といっても、エステティックサロンで働いていたり、ホテルで働いた経験があったりして、接客に優れている人達もいます。しかし、当時の中途採用で応募してくる人達は、エステティックに関係のない職種の人達ばかりでした。ですから、高校卒業したての人と同じく、マナーやエステティックの技術も一から教えました。「立ち方はこれを定姿勢とします。」「お辞儀は15度　30度　45度」「技術は優しく、丁寧に」「お客様には優しく、そして時には厳しく指導をしてね」と、教えることもみな同じでした。

そして新卒採用の人達の方が、吸収が早かった。中途採用では、サボることを覚えてしまっていることも多く、何を教えても「いや、そんなはずはない」と言って、それまでの自分の職場の経験に頼ろうとしがちです。

ささいなことでも、新卒採用者と中途採用者には違いがありました。

例えば「お昼は2時くらいにとったらいいわよ」と教えると、新卒者は「はい」と返事があります。しかし、ＯＬをしていた人達は、「お昼はやはり12時にしたい」と言います。仕事は11時から始まって、夜8時までなのですから、12時にお昼を食べたら、夜までにお腹が空いてしまいます。それを説明しても「お昼は12時」という考え方からなかなか抜け出すことができません。

一事が万事、そんなことになってしまいやすいのです。ですから、新卒者を採用した時は、なんて素直で、何でも吸収してくれるのだろうと、感激したのです。

今は技術者の採用は大半がミスパリのスクールを卒業した人になっています。大学の新卒者でエステティックに関しては初心者もいますが、真っ白な状態で入社し、シェイプアップハウスの社風と技術を素直に吸収してくれています。

若い人を支えてきた中途入社社員の存在

シェイプアップハウスで一番長く働いてくれている社員は短大新卒で22年。次が21年で高校新卒。次が中途採用の人達になります。

新卒採用一本になったのは13～14年前からなので、それまでは中途採用も多くいました。今、会社の中核となって頑張ってくれている人達には中途採用で入社した人達もいます。40代50代の男性で管理職として来てくれた人達もいます。

中途採用でも、どのような人が当社に馴染めるか。間違いなく分かることは、人間好きで熱い人です。

サロンに入ると、年下の社員が店長のこともあります。その時に、「なんで私は大学まで出て、床を手で拭いて、お客さんの汗を拭いて、洗濯して。なんでこんな事をしなきゃいけないの?」と思う人達は辞めていきます。20歳や21歳のエステティシャンが一生懸命に仕事をしているところを見た時に、これは大変そうだと思って辞めていく人もいます。

しかし、中核となって働いてくれている彼らは、正直さや誠実さ、一生懸命なところなど、人間の真価が分かる社員達ばかり。若い社員が一生懸命に頑張っているから手伝わなければいけないと思った人達が今も働いてくれています。「私よりも年下なのに一生懸命やっている。私はまだ新人だけど、早くできるようになって、この人をサポートしたい」と思う人が残ってきました。

まだ若くて社会のことなどをよく知らない若い社員達を中途入社社員が支えてくれました。

派遣社員や契約社員にお客様は預けられない

最近、派遣社員や契約社員を多くして、人件費はなるべく切り詰めようとする会社が多いのですが、エステティックサロンでは問題があります。

当社のサロンに来て下さるお客様は、ミスパリやダンディハウスを信頼して体を預けて下さいます。施術をする時、お客様達は、洋服を脱いで、ベッドに寝ます。どんなお偉い方も同じ。それは命を全て預けて下さっているということだと思っています。

ですから、私達のサロンの大切な大切なお客様に触れる人は、私達が自信を持ってお客様の前に出せる人でなければいけないし、またそうでなければお客様からも信頼されません。信頼されなければ、会社も成長することはできません。

シェイプアップハウスの社員のタイプ

お金だけで会社を選ぶ人は、稼げるところで働き、会社にお金がなくなって、稼げなくなったら去っていきます。

うちの会社にはそうでない人が残ってくれているように思います。

新卒の社員達はまだ真っ白なところがありますが、人事部の社員の言葉に共感するようです。「うちの会社はお客様の喜ぶ全てのことをやりたい」「エステティックは人を豊かに幸せにできる」という話をする人事の社員を見て、「私達もこの仲間に入りたい」と思って入社してきます。有名国立大学を卒業した人にシェイプアップハウスで働きたい理由を聞いた時、人事の社員が熱いし、一生懸命だから一緒に働きたいと思ったと答えてくれました。

ですから、給料や休暇というより、「人と関わる仕事がしたい」「人に喜んでもらえる仕事がしたい」「やりがいのある仕事がしたい」と色々考え、それを人事と話して、私達の会社を志望してくれるのだと感じています。お客様と社員が喜ぶことをやってきている会社ですから、社員もそのことに共感できる人が集まってくるのでしょう。

他の大企業にいけるような人達も来ますが、親からは「よく分からないエステティックの会社に就職させるために国立大学へ行かせたのではない」と反対されるようです。それでも、シェイプアップハウスで働きたいと言ってくれる社員は本当にありがたいと思っています。

当社の社員の姿として「美しく聡明で品格あるエステティシャン」というものが求められています。

私は美しいというのは心も体も美しいことだと思っています。

心が美しいとは、「心が明るくて積極的」。だからマイナーな事を考えていたら、心は美しくないと思いなさい、というメッセージを社員には送っています。また、体が美しいということは、ムダがなく、健康であること。聡明というのはお客様が望んでいる事を理解して、気の利くサービスを提供できること。そして品格とは、礼節を重んじ、義理人情を尊び、人を信じ、自分も信頼される人間になることだと思います。

私はそんなエステティシャンを、そんな社員を目指しなさいと常々言っています。エステティシャンは跪いてお客様の言うとおりにしている職業ではなく、お客様に美しくなるためのアドバイスや技術を施す職業です。

ですから、当社の社員は古いさむらい魂のようなものを持っていて、一本筋が通っている人が働いているように思います。誇り高いのです。そのようなサロンだからこそ、お客様も誇り高い人達が通って下さっているのではないでしょうか。

筋の通らない売り上げを作らない

こんな会社ですから、筋の通らない売上は作らないのです。

お客様を早く、安く、きれいにすることができるのが一番優秀なエステティシャンだと私は思っています。お客様のきれいを実現する為に、私達はいい技術を作り出し、いい商品や機器を開発します。そして、もう一つ大切なものは、エステティシャンの力です。お客様のやる気をいかに持続させられるか、その接客のコツ、そして仕事に取り組むエステティシャンの姿勢が一番大事です。

ミスパリやダンディハウスのコースは大学や医療機関で検証をしていて、3ヵ月を一つの区切りとしています。初めていらしたお客様が規定のコースではなく、色々なものを省いた安いコースでの施術を希望されたとしても、そのコースをお受けする訳にはいきません。

いくらお客様が望まれても、エステティックに関しては私達がプロですから、プロとして自信の持てないコースであれば、こちらからお客様にお断りすることも大切なのです。

例えば、東京から大阪に行きたいお客様が1万円しか持っていないとします。そこで、1万円では名古屋までしか行けないにも関わらず、1万円を頂き、大阪に向けてとりあえずスタートさせ、名古屋で降ろすようなものなのです。お客様は大阪まで行きたいのであって、名古屋で降ろされても困ってしまいます。ですから、中途半端な施術のコースをお受けしてスタートさせるようなことはしないよう指導しています。

また、エステティック業界ではさまざまなコースを利用する場合、ローンを組むお客様が70％います。しかし、シェイプアップハウスでは25％のお客様しかローンを利用しません。これは他のエステティックサロンでは考えられないほど少ないものです。

当社のエステティシャン達は、お客様がローンを組まれたら、金利を払わなくてはいけないことをよく知っています。それにその場ですぐに契約して、ローンを組んで頂かなくても、私達のお客様は後日、銀行振込や現金で支払って下さいます。よいサービスを提供していれば、ローンを組まなくても、お客様は逃げては行かないものです。

社員が誇りを持って仕事をしているので、シェイプアップハウスは一般の物差しで測れないことがたくさんあります。

そういう私達を、安心して居心地がいいと思って下さるお客様が来て下さるのだと思います。

卑賤な人物は採用しない

採用担当の社員には、「採用する人は明るく元気なこと」「誠実で真面目な人」など、いくつかのポイントを毎年伝えています。しかし、なんといっても一番重要なのは「決して卑賤な人を採ってはならない」ということです。

卑賤な人間は絶対採りません。ですから、我が社はとてもプライドの高い社員ばかりです。私が最も嫌いなのが卑賤な人ですし、私達の会社も卑しいということをすごく嫌います。卑賤な人とはどういう人か。例えば、人をだましたり、人をねたんだり、引き摺り下ろしたり、陥れようとしたり、嘘をついたり……。私達の会社ではそういうことは絶対に許しません。

何かを壊したり、何かをやって失敗しても私はあまり怒りません。しかし、嘘をついたり、手抜きをしたりしていることが分かったら、思いっきり怒ります。私は上司におべっかを言ったり、必要以上にペコペコしたりする人間を信用しません。このような人は立場が変わった時に、自分の部下をまるで奴隷のように扱う人が多いからです。

先程挙げたような、筋の通らない売り上げも許しません。

卑賤な人間かどうかは、すぐわかります。年をとれば、なおさら分かりやすくなります。社会経験の長い人の中には、そういう卑賤なことを覚えてしまう人がいます。一度覚えてしまうと直らないものです。

若い人達はまだそういったことが身についていませんから、彼らを育てるのは、難しいことではありません。いいことをしたら「いいことしたね」と一緒に喜んで、悪いことをしたら、炎のように怒る。それを繰り返していたら、卑賤な人間にはならないと思いますが、どうでしょう。

いい社員がいれば、いいお客様が集まる

類は友を呼ぶといいますが、まさにその通りだと思います。

いい社員になれると思った人を採用して、後はいい社員になるようにひたすら教育をします。そして、いい社員に育てていきます。

そして、そんな私達をいいと思ってくれる方がお客様になって下さいます。そのようなお客様達は、けっこう苦労して成功なさっている方や本物志向の方が多い。そのようなお客様

達が気に入って下さるということは、いい社員であるということです。いい社員がいれば、サロンの居心地がよくなりますし、そうであれば、お客様も一生続けて通って下さるようになりますから、私達は楽に商売ができるということになります。

私達はいつも仕事に一生懸命ですから、「いい商品を作りたい」「できるだけ効果のある広告を出したい」「いいサロンを作りたい」などと、いつも一生懸命です。すると、その一生懸命なところを見た取引会社の中に「よし、一緒にいいものを作ろう」「もっといいものはないか」と協力してくれる会社が現われます。

そんな取引先と一緒に仕事ができることが無性に嬉しいのです。そうすると、仕事がどんどん楽しくなっていきます。取引先と一緒にもっといいものはないか、もっと効果的なものはないかと考えを出し合います。

一生懸命にいい社員を集めれば、いいお客様が集まってくる。いい社員がいれば、いい取引会社が集まってくるのです。

仕事はつらいもの、我慢してやるものと考えている人がいるかもしれませんが、そんなことはありません。私たちは仕事は楽しいもの、やりたくてやっているもの、面白いものと思って取り組んでいます。

お客様達からの応援

私はいいお客様に恵まれてきました。

私は事業を始めて5年間はサロンの中で白衣を着てお客様に施術を行っていました。私は企業に就職したことがないままこの仕事を始めたので、分からないことや失礼なことが多かったと思います。

そんな私に、お客様は客商売のやり方を何から何まで熱心に教えて下さいました。大阪のお客様達は、お節介焼きで、いい方達ばかりでした。お金持ちのマダム達、新地のママさん達、そしてダンディハウスをオープンしてからは、大阪の社長さん達が叱ったり励ましたりして下さり、お客様というよりシェイプアップハウス応援団という感じでした。

特に、当初のダンディハウスにいらしたお客様達は30代後半から50代でした。会社に勤めたこともない世間知らずの私でしたが、世の中の常識、会社経営、人材育成、サロンの掃除の仕方までお客様との会話の中から学ぶことができました。

「先生、ベッドに寝ているとドアの桟のほこりがよく見えるんだよ」「お金に関することは、ちゃんと説明しておいたほうがいい」「お客様を選びなさい」「性格のいい社員が一番だね」などと話して下さいます。ほんとに自分の会社のことのように熱心にアドバイスして下さいました。

その度にシェイプアップハウスでは、多くのことが改善されていきました。それが気に入ったのか、まだまだ心配なのか、ダンディハウスのお客様は10年も20年も通って下さる方が本当に多いのです。

お客様達の応援はいまだに続いています。当社の入社式は毎年四月全国4カ所で行われますが、そこにはお客様が来賓として出席して下さり、当社の新入社員にサロンの様子や入社の心構えを話して下さいます。それはもう愛情いっぱいのお話で、「うちの社員達をこんなに大切に思って下さるなんて」と感謝の気持ちで私の胸もいっぱいになります。

そして、このお客様達のためにも、「いい会社を作らなくてはいけない！」と私自身も覚悟を新たにする入社式です。

「ダンディハウス化粧品」「ミスパリ化粧品」

私は技術と商品との効果の整合性といったものにとてもこだわりを持っています。今流行の原料であっても、容器や瓶がおしゃれであっても、安易に取り入れるようなことはしません。大切なお客様に自信を持ってお勧めできると思えるまで、サロンでは扱いません。

そういう頑固なところがありますので、お客様は安心して私達のサロンに通えるのだと思っています。

それは、ホームケア化粧品でも同じです。

シェイプアップハウスのブランド紹介にも書いたように、当社には自然派化粧品、健康食品などの製造販売を行うミスパリプロダクトというブランドがあります（116ページ）。エステティックサロンの技術効果を上げるために、ミスパリのサロンのプロ用化粧品、健康食品を作ったのが始まりです。ダンディハウスもオープンと同時に、男性に特化した化粧品を追究する形で「ダンディハウス化粧品」の開発もスタートしました。

最初はサロンでの販売だけでしたが、サロンに通えないお客様から「商品だけでも家で使いたい、なんとかミスパリの（ダンディハウスの）商品を購入できないか」と相談されることが多くなり、お客様の声を受けてインターネット販売を開始しました。二〇〇九年からの海外出店に伴い、アジア向けの輸出も始まります。

化粧品の中でも人気の「ミスパリ・クレンジングフォーム」は、シェイプアップハウス創業の時からの洗顔料で、販売の実績は26年を誇ります。その間にマイナーチェンジを繰り返して現在に至り、累計販売個数は30万個以上になります。ハーブローションは、50万本以上も売りあげています。

今までは主にサロンのお客様が愛用して下さっていましたが、最近では「ミスパリ化粧品」や「ダンディハウス化粧品」の良さを知ったお客様がサロンにきて下さるようにもなっています。

確かなデータがなければ施術しない、化粧品も売らない

このように当社の化粧品はサロンでエステティック効果を上げる目的で使われている化粧品ですから、安全で効果の出るものでなければならないのです。ですから、化粧品の使い方に、ちょっとしたエステティックのコツを加えることにより、今まで一般の化粧品では味わ

えなかった、お肌のお手入れのおもしろさを経験することができます。まるで、自分が美容のプロになったような、おもしろさです。ミスパリとダンディハウスが化粧品をお使いのお客様達に、化粧品使用についてのエステティックのコツをお教えする場を作り、もっとファンを増やしたいと考えています。

化粧品が完成するまでにはとてつもない時間を要しています。まず私達のサロンに通っておられるお客様に必要なものが、サロンからの報告書やＩＳＯのお客様の声から上がって来ます。それを受けて、商品課と工場の研究室が試作を始めます。

商品課には、薬剤師や生物化学に詳しい者もいて、原料の組み合わせの整合性を見ています。

試作品が出来上がると、社内の化粧品オタク達に配られ使用感の調査が始まります。それと同時に教育部に回され、技術や他の化粧品との組合せに違和感がないか、求めている効果が現れるかをチェックして行きます。この行程が3～4回繰り返され、工場の研究者が辟易した頃、大満足の商品が出来上がります。

全部自分達が納得して、それでやっとお客様にお勧めできるようになります。ですから、新しい商品が開発されてから、お客様に実際に勧めるまでに1年半くらいかかったりします。

美容の世界では「これが今年の新しい美白パック」と発表されて広告がでると、あっという間に売れたりします。確かにスピードも大事です。

でも、私は美容のプロですので、間違いのないものをお客様に選んであげたいと思っています。それも、世界中で一番いいものを選んであげたいと思うのです。

効果が分からないのにお客様には勧めることはできません。たとえ化粧品の業者がいいと言ったとしても、それは私達にとってはひとつのデータでしかないのです。

業者がいい商品だと勧めたとしても「自分達が使ってみます」と答えて、そこから自分達で使って調べます。そして、間違いないと自分達で納得ができた時に、やっとお店に出すことができます。

そういうふうなこだわりは、昔から全然変わっていません。

最近、よくある商品で、つけたら細くなるとか、胸につけたらバストアップするとかいうものがありますが、未だよくわからないので採用する事ができていません。

永久脱毛導入にも2年

脱毛の技術も習いだしてから2年後くらいにやっとお店に導入しました。納得するまで大切なお客様に施術することができなかったのです。

「先生、永久脱毛って本当に毛がなくなるの？」とお客様に質問され、私は脱毛の勉強を始めました。神戸にある脱毛スクールに2週間通い、脱毛の理論や技術の基本を学びました。しかし、お客様に脱毛を施す勇気が持てませんでした。そんな時、アメリカではすでに州によっては「脱毛士」という資格があり、職業にもなっているらしいと聞き、その資格のあるサンフランシスコまで勉強しに行きました。

サンフランシスコの学校で改めて脱毛の勉強をし、機械を使って脱毛をする技術を積みました。きれいに脱毛できると、校長のビルフォンテス先生は「これで毛がなくなる」というのですが、私は「本当にパーマネント（永久）？」と、そのことばかり質問します。

毎日のように、「パーマネント（永久）？」と聞いてしまうのです。ビル先生は「パーマネント（永久）だよ。当たり前だ」と答えるのですが、私は毛がなくなった肌を見たことがなかったので、信用できませんでした。帰国する時もまだ疑問が残ったまま、機械だけ買って帰ってきました。

帰国してから、社員のわき毛を「右１５８本」「左１７０本」と数えながら脱毛の効果検証を始めました。２週間に１回脱毛をしていくと、10ヶ月で「右20本」「左17本」となり、一年を過ぎる頃には「右３本」「左１本」となりました。勉強し始めて２年も経っていましたが、初めてパーマネント（永久）だと確認できました。

それでやっと、「本当になくなります」とお客様に自信をもって言うことができました。そこから、脱毛の技術をサロンのメニューに加えました。お客様を練習台にはできませんから、時間はかかりましたが、技術の教育も万全にしてスタートできました。

少し話はそれますが、サンフランシスコでは金色や銀色の毛の人が多く、そこで練習を積んだので、帰国後に日本人の黒い毛の脱毛はとても簡単でした。

また、私が脱毛を学ぼうと思ったきっかけの一つに、死んだ母が足の毛深いことを悩み、よくオキシフルで脱色したり、剃ったりしていたことがありました。母に脱毛してあげたら、きっとびっくりして喜ぶだろうなあと愉快に思ったり、寂しく思ったりしています。

最高レベルの施術のため常に改良を重ねる

サロンで行う技術は私や幹部社員がアイディアを出して、教育部や商品課が技術の流れから機器や商品の選択・開発を行っています。

私は幹部社員達と一緒に世界中を回り、様々な勉強をしています。また、スパやサロン、ビューティスクール、健康、老人施設を見て、色々な技術を体験したり視察をして、その上で私達のお客様に合うオリジナルな技術や施設を作ってきました。自分達の目や鼻、口、耳、肌の五感全体で感じて、いい物を作ろうとしてきました。

そして、常に改良しています。自分がやってみて、やってもらって、そしてお客様からの反応や社員の意見などによって改善し、どんどん良いものに変えていきます。

高いレベルに仕上がった技術を再度、教育部に渡し、それを全サロンに広げていくのですが、技術を作り上げてから発表するまでだいたい半年はかかります。これを短縮させることは課題でもあります
発表前にも私はたくさんのサロンへ練習中の技術を受けに行き、技術の出来上がり度をチェックしていきます。

私は技術者でもあるので、技術を受けていて今どの手のどの部分を使っているか、どの指を使っているのかが分かります。ですから、サロンスタッフがそれができなければ、スタッフをベッドに寝かせて、指導することもあります。私も不器用で技術を身につけるのに大変苦労をしましたので、技術の壁に突き当たっているスタッフに解決のヒントを与えてあげることができます。

新しい技術を私達の大切なお客様に発表する前には、お客様が喜んで下さるだろうというワクワク感と共に、絶対喜んで頂くものにしなければいけないというプレッシャーがあります。そして、そのプレッシャーは年々大きくなっています。それは、お客様の期待が年々大きくなり、その期待に応えたいという私達の想いも年々大きくなっているからなのです。そうしながら、シェイプアップハウスは成長してきたように思います。

二〇〇八年の八月にサロンスタッフが研修を始めた新しい全身美容の技術は、二〇〇九年の一月に会員様への発表があり、三月に一般のお客様へ発表しました。しかし、4ヵ月経った今でも、改良が続いています。実際にお客様の仕上がりに接しながら、もっとこうした方が良いというスタッフの意見が次々に出てきます。「お客様のために」と一生懸命なスタッフが更に技術に磨きをかけてくれます。

2009年4月の入社式。「社員が喜んで働ける会社にするのが社長の仕事」。

内定は取り消さない

二〇〇九年の春には250人の新入社員が入社してきました。

当社は社員教育にものすごい時間とお金を投資しているので、250人に1ヵ月かかる金額は約一億円です。彼らを採用したのは二〇〇八年の春でした。その年の秋にリーマンショックが起こり、市場は一気に冷え込み、企業も個人も財布の紐を固く締めたのです。多くの企業が内定取り消しをしました。私も内定を取り消さなければならないのではないかと悩みました。

でも、それは誰にも言えません。もし副社長などに相談したら、MBA的発想で「取り消したらいいじゃないですか」ときっぱり言われてしまいそうです。「当社は現在の社員も含め、250人もの新人を成長させ豊かに生きてゆくことを支える責任を果たせるのか」と悩んでいたのです。

私はどちらかというと悩み事の少ない人間です。一人の人間として仁と義が通っているかどうかが大切で、生きる基準がハッキリしている為です。しかし、「この時期に250人の新入社員を抱え込むことは社長として正しい決断なのだろうか。情に流されているだけではないか」と悩みました。

その年の三月三〇日に人事課と教育部の会議があったのですが、その時にもまだ迷っていました。しかし、もう翌年度の採用が始まり、二〇一〇年度採用の学生達が説明会や面接にやってきていました。それを見た時、「ああ、もし私が内定を取り消したら、人事部の若い社員達は、学生の前で堂々と話ができなくなってしまう」と思いました。人事部のスタッフ達は「シェイプアップハウスに入社できた学生達は、どこの会社に入社するよりラッキーな人達だ」と思っています。ですから、常に学生達の前でも堂々と話をしています。それをできなくしてしまってはいけないと思いました。

また、内定を取り消すことは学生達の社会人としての第一歩を私達の会社が躓かせてしまうということです。これだけは絶対にしてはならないと思いました。社会人としての第一歩目を順風満帆の船出にしてあげたいと毎年入社式で思っていたのです。

ですから、四月に入り、入社式のほんの数日前に「当社は絶対に内定取り消しはしない」と宣言できた時、誰よりも私が一番ホッとしたのではないでしょうか。

マネージャー達を集め、新入社員のために毎月1億円が必要になることを話しました。そして「シェイプアップハウスがこの子達の人生を躓かせる訳にはいかない。売上アップのために、キャンペーンを行うことにした。だから是非、新入社員のためにも頑張ってほしい」と頼みました。マネージャー達は「分かりました。やります。頑張ります」と言ってくれました。

世界不況は続いていますから、未だに社長としてこの時の判断が正しかったのかは分かりません。しかし、「やります」ときっぱり言ってくれた頼もしいマネージャー達には頭が下がる想いです。

女性社員は子供を産んでタフになる

シェイプアップハウスは産休や育児休暇、子育て中の労働時間の短縮など、女性が長く働き続けられる制度が整っています。女性が育児休暇などを取ることを嫌がる会社もまだまだ多くあります。

当社は女性社員に支えられている会社ですので、女性が働き続けられる環境を整えることは会社にとってもプラスになるのです。

結婚しても子供がいなければ、夫の親戚付き合いなどが増えるくらいで、独身時代と変わらずに働くことができます。しかし、子供が生まれると、とてつもなく忙しくなって、仕事と子育ての両立は大変になります。でもシェイプアップハウスには子供が産みにくい雰囲気はありません。

当社の女性は子供を持つとたくましくなります。

子供の世話には時間をとられますし、子供は病気をしたり保育園へ行くのを嫌がったりするなど、予測がつかない問題は次々と起こります。

そうすると、些細なことでは動じないタフさが出てきます。そして、忙しくてテキパキと動くから仕事の段取りが良くなり、スピードも加わります。

若い時というのは繊細で、仕事やプライベートに問題があると落ち込んだり、迷ったりするような、無駄な時間がかなりあります。しかし、そんな時間はなくなり、早く片付けようとか先に進もうという意志が強く出てきます。本当に強くなってタフになります。

「母は強し」ということでしょうか。女性達は子供を産んでからもとてもいい仕事をしてくれているので、私は嬉しく思っています。そして、その女性達のたくましさは他の社員にもいい影響を与えています。

育児との両立は仕事にプラス

いくらタフになるといっても、育児休暇から復帰したての時は、みんな必ず一度は泣いています。子供を預けて働いている罪悪感や夫にも迷惑をかけているという罪悪感などで、自分が働くなんて間違っているのではないかと不安になるようです。

子供は保育園に行き始めると、最初はどうしても色々な病気を移されて熱をよく出します。保育園に預けるようになってから、夜泣きが始まったりもします。保育園に預けようとすると、嫌がって泣く子もいます。そんなことまでして、子供を預けて働いている私は鬼のような母親なのではないか、などと思ってしまうのです。

「そうまでして働かなくてもいいのに、子供や夫に我慢させて働いていることは、私の我儘じゃないか」と、彼女達は判で押したように言います。

そんな時、私は「何言っているの。母親のあなたが悪い事をしていると思って辛い気持ちでいるところを見て、子供達は泣くのよ」「子供は子供同士で遊びながら、たくさん学んで成長して行くものよ。」と励まします。朝にお母さんと別れる時に泣く子供でも、実はお母さんの姿が見えなくなると、ケロッとして友だちや保育士さんと遊んでいるのです。子供なんてそんなものなのです。

何も悪いこともないし、我が儘でも何でもない。お母さんはお母さんの人生を一生懸命に生きるべきだと思うのです。それは、つまり母親が自信を持って生きているかどうかということなのです。そんな話をしたり、子供もすくすくと育っていくうちに、ふっと吹っ切れて、すごくたくましくなり、いい仕事をしてくれるようになるのです。

みんな育児休暇で1年間休んでも以前と全く変わりなく、美しく復帰してきます。

5章　社長として取り組むこと

個人の下村朱美という人間は生きることに仁と義が通っていればいいので迷わない。でも社長として、これでいいのかと迷うこともある。

社長としていつも考えている事

私はいつもお客様や社員が喜ぶために、シェイプアップハウスは何ができるかを考えています。エステティックはお客様を幸せにすることです。そしてお客様を幸せにするには社員が幸せでなければなりません。それを実現するのが社長の一番の仕事でしょう。

また、一緒に働いてきた古い社員達は、「夢は本当に実現するんですね」とよく言います。「みんなでいつか豪華なサロンをつくろう。ビルを建てよう。学校を作ろう。どこにもない機器や最高の化粧品を作ろう。海外にもお店を出そう。すごい社員を集めよう」と夢を語り、それを実現してきました。

お客様の期待に添うことは大事です。それと同じくらい、社員の夢を叶えていくことも大事なことなのです。

頭がよくて知識が豊富で、人から好かれることも大事でしょう。しかし、社長や経営者に一番必要なことは、明るく、健康であることだと思っています。社員が幸せな気分でいるためには、社長も幸せでなければいけません。

社長が明るくしていると、社員達も楽しく、安心して仕事ができるようです。社長がつらそうな顔をしていたら、社員も不安になるでしょう。

ミラーニューロンという学説があります。相手の笑顔を見ると、自分が笑ったと思い込むというものです。すなわち、感情は移るということです。人は、楽しいから笑うのか、笑うから楽しいのか。心理学的には笑うから楽しいのだそうです。

やはり売り上げが悪かったり、何かあまりよくないことがあったりすると、社員は暗くなります。そのような時に、社長まで怒ったり不安そうにしていたとしたら、更に社員も会社も暗くなってしまいますから、そんな時ほど私は明るくしていなければいけないと思っています。

ですから私は自分自身が幸せな気持ちでいられるような環境を作るようにしています。些細なことですが、例えば私は花が大好きなので、いつも心が嬉しくなるように、会社にも家にも花をたくさん植えていますし、部屋の中にも花をいっぱい飾っています。香やアロマでリラックスする時もあります。気分が優れない日もあります。そんな日は、明るい色の洋服を来てオシャレをして出勤します。

同じ価値観を持った人達と働きたい

私はいつも、同じ価値観を持った人達と働きたいと思っています。それは同じ夢を見られる人と働きたい、ということでもあります。仕事は夢を実現することだと私は考えています。社員は私の夢を一緒になって叶えてくれる大切な人達だと思っています。

そして、手っ取り早くお金儲けがしたいと考える人には、当社はとてもまどろっこしいと感じるでしょう。商品開発や人材育成にはとても長い時間をかけていますから、「もっと簡単にお金儲けができるのに」と思うかもしれません。

また、お客様と友達みたいに話して、楽しく働きたい人もいるでしょう。しかし、私達にとって、お客様はお客様であるという姿勢を保ちますから、そういう人は当社では働きにくいでしょう。

反対に、エステティシャンでもお客様にサーバント（召使い）のように仕えるような人もいます。しかし、私達の会社でのエステティシャンは、お客様の効果を出す為には、常にお客様と対等な位置で向かい合いたいと資格取得や勉強に努力していますから、堂々とお客様の顔を正面から見て、ご指導させて頂いています。そんなやり方は合わないという人もいるでしょう。

人事部が最終面接をする際に考えることは、この人がサロンで働いた時に私達のお客様が喜んで下さるかどうかということです。喜ばれるお客様の顔を思い浮かべながら、最終決断を下すのです。

それはお客様にしても同じです。「当社の社員が良い」という人達が入会して下さり、長く通い続けて下さいます。違和感のない人は一緒にいても疲れません。お客様達は私達の社員に対して違和感がないな、会いたいなと思い、また来て下さいます。

明るくて元気で誠実で真面目。そしてちょっぴり美人というのがシェイプアップハウスの社員像です。

嫌いな人と仕事をしても上手くいかない

苦手なタイプの人間はいるものです。嫌いな人とは、一緒に仕事をしても良いものは作れないと思っています。

商売だからといって、「この人はイヤなタイプだけど、上手く付き合っておけば何かの利益があるかもしれない」と思ったとしても、絶対上手くいきません。「この人は胡散臭いな。用心しなければ」と思ってしまうような雰囲気の人と一緒に仕事をしても、上手くはいきません。人間は欲がありますから、色々な人とでも上手くやっていこうと思ってしまうものですが、私の経験上で違和感のある人とは絶対上手くはやれません。

その人の価値観やものの考え方が、その人の雰囲気になっているのですから、違和感のない人と仕事をした方が上手くいくでしょう。

このシェイプアップハウスがこれだけ大きくなった要因は、良い人が集まってくれたことです。社員に恵まれたこと、お客様に恵まれたこと、お取引先である業者の方々に恵まれたこと、この三つが成功の大きな要因でしょう。

私は、シェイプアップハウスはこうであってほしい、こうしたいと思っていることを、文字や数字にして、社員にわかりやすく示すことにしています。

経営者の中には、それらの考えを説明せずに、「なんで社員はわかってくれないのだ」と怒っている人もいます。でも、人の気持ちや考えなんて、そんなにすぐに伝わるものではありません。

しっかり書いたり話したりして、思いを伝えようとすれば、社員は進む方向がわかり、一生懸命に働いてくれます。「うちの社員はこうあってほしい」「こんなエステティシャンを目指して欲しい」と理想の姿を示せば、社員達はそこへ向かって動き始めます。

シェイプアップハウスでは毎年十月に全国会議があり、事業発展計画の発表会があります。私にとって事業発展計画書は「私の夢」です。社員達と一緒にその夢をみて、一緒に叶えていく。旅行の計画を立てるよりもワクワク嬉しい発表会になっています。

私が嬉しいと思うことは、いっぱいあるのですが、「嬉しい時はいつですか?」と聞かれて、真っ先に思い浮かぶのは「会社に出勤する時」です。

社員に会えるのは嬉しい。社員は好きな人ばかり。だから好きな人に会えることは嬉しい。特に、長年一緒にやってきて、苦労した時も嬉しい時も一緒だった幹部社員に会えるのは嬉しい。幹部社員は各地に散らばって働いているので、月1回の会議の時くらいしか会えませんが、彼ら彼女らに会えると思うとすごく楽しみですし、会議をしていても嬉しくてニヤニヤしてしまいます。

悲しいのは社員が辞める時です。

社員が辞めたら傷つきます。恋人に振られたようなものです。相思相愛で結婚したのに、お嫁さんに出て行かれるようで、とても辛いのです。

「人生を預かった」社長の覚悟は大きい

入社式の時は、新入社員の若い人達より、社長の覚悟の方が大きいかもしれません。

入社式の時に「ああ、この子達は社会人としての第一歩目を、うちの会社に懸けてくれた」と思います。そして、「この子達の人生を預かった」「預かった限りは、一人前にしないといけない」「この子達が一生この仕事で食べていけるように、鍛えないといけない」「給料を毎年上げられるよう会社を発展させなければいけない」と覚悟するのです。

更に、今まで20年以上もの間、御両親を初めとする多くの人達が、大切に育て上げたお子さんを「シェイプアップハウスに預けましょう」と私達に預けてくれたのだとも思っています。

これは、大きな責任です。ですから、お客様に喜ばれ、お客様に必要とされるような仕事ができる人間に育てなければなりません。技術もマナーも売上も人柄も、彼らが人生に成功するように育て上げなければいけないと考えています。

ちゃんと育てようと思うからこそ、言いにくいことも言う必要があります。世の中の人達はなかなか言いにくいことは言ってはくれません。私しか言わないと思うからこそ、言いにくい厳しいことも言います。

「人生を預かった」以上は中途半端なことはできません。きちんと育てていくことが、会社の責任ですし、私のやるべきことだと思っています。

経営に大切なことは……

さて、事業の繁栄と発展はたった二つのコンセプトから成り立っています。一つは「成長拡大すること」、もう一つは「安定させること」です。

当社はこの成長拡大と安定の両方を一緒にやっています。

成長拡大とは、前年よりも新規のお客様を増やし、より多くのお客様にサロンに通って頂くこと。安定とは同じお客様が私達のサロンに繰り返し通って下さること。商品を使い続けて下さることです。

会社を経営する時「人」「物」「金」が重要だと言われます。

私達にとって、「物」とは、技術や商品、提供するサービス全てです。ですからお客様が私達のサロンを気に入って頂けるように、そしてミスパリ　ダンディハウスに期待し続けて下さるように、私達の「売り物」を一生懸命に磨いています。

二〇〇四年、シェイプアップハウスは業界初のISO9001:2000を認証取得し、エステティックサービスの品質向上のために最善を尽くしています。「お客様が入会したいと憧れる上質のサロンを作ること」を品質目標とし、この品質目標に向かってもっともっと徹底的にサロンの品質を磨き上げなければなりません。

シェイプアップハウスの技術は全てが理論に基づき、過去何万というお客様のデータをもとに、医学的にもスポーツ医科学的にも、しっかりとした研究機関で検証がなされています。

1年間に述べ50万人のお客様がこの技術できれいになり、健康になり、絶大な支持を下さったからこそ、

世界共通の品質管理と保障の基準であるISO9001：2000を取得。授与式の写真。

ミスパリ、ダンディハウスは毎年確実に成長してこられたのです。

トップレベルのハンドテクニックを維持しながら、気持ちが良いこと、効果を実感できることを大切にしています。

「人」と言うのは社員。繰り返し述べてきたように、社員では苦労してきたので、社員は当社の宝物だと思っています。「金」はもちろん大事です。健全経営でなければ、社員は安心して働けません。そして、もう一つ大事なことに「情報」があります。私は、経営者の勉強会や講演、異業種交流などにできるだけ参加して、人脈を広げ、多くの人達の生き方や知恵を学ぶようにしています。そこで知り合った人達は、私の人生を豊かなものにしてくれています。

癒しを与えてくれるサロンでありたい

シェイプアップハウスをオープンする1年ほど前の24歳の頃、私には非常に不安定な時期がありました。

24歳になる前までは、若いということやちょっと美人だと言われることもあって、少し傲慢に、「世界は私のために回っている」と思っているような女の子でした。22歳や23歳という一番輝いていた年齢でもあり、「すみません」と謝っていればミスも許されましたし、ちょっと頑張れば化粧品販売の仕事もすんなりできていました。

しかし、24歳になった時に、これから今までのように「ニコニコしていたら仕事ができた」というようなことでは通用しなくなると感じました。今考えるとまだまだ若いのですが、その時はもう若くないと思い込んでいたものですから、「仕事をやるのであれば、プロとしてやる」という覚悟がないと許されないと思いました。

仕事をしながら「覚悟しないといけない」「結婚しようかな」「仕事をこのまま続けてやっていけるのか」など色々なことを悩みました。そして、急に悲しくなることもよくありました。学生時代のようにちやほやされることが少なくなっていくのを感じ、年をとっていく自分が悲しかったのです。

その非常に不安定な時に私はエステティックサロンに行きました。若いエステティシャン達が私のことをきれいにしようと一生懸命に施術してくれました。

「下村さんもこうしたら痩せますよ。ここのお肉、取りましょうね」と言いながら、一生懸命施術してくれる。彼女達が天使のように見えました。「こんなに親切で、こんなに良い子達がいるんだな」と思い、感動しました。

そのエステティックサロンのお客様達を見ていると、色々な人達が来ていました。私のように不安や悲しみを抱えていて、癒されたいと思っている人も多くいました。

それを見て、エステティックサロンはただきれいになるためだけのものではないと思いました。悲しかったり、寂しかったり、落ち込んだり、自信をなくして色々なことで不安になっている女性達を、褒めたり励ましたりしながら自信を持たせてあげて、再びたくましく一歩を踏み出して、楽しく生きていけるようにする役割を、エステティックサロンが果たしているように私自身が感じたのです。そういう意味でもこの場所は大切な場所だと思いました。

サロンをオープンしてからも同じようなことを感じました。その時私は25歳。世間のこともよく分かっていなかったのですが、それでも、40歳や50歳の年上のお客様達が私に悩み事を相談されるのです。

ただ話を聞いて欲しかっただけかもしれません。答えは何でも良かったのかもしれません。でもちゃんと聞いて応えていると、お客様は何かほっとしたり、納得したりして、元気になって帰っていかれました。

もし、お客様の家庭でぎくしゃくしていたものがあったとしても、お客様がサロンに来て大切にされ心が暖かくなり、笑顔が増えてくると、家庭の中のぎくしゃくしていたものが消えていくようでした。

サロンの中では洋服を脱ぐのと同じように、心の覆いも脱いでしまうことができるような気がします。裸になっているのですから、立場も、地位も、名誉も関係ありません。どんなに地位のあるお客様達も、一人の人間として私達エステティシャンに話をされます。

フランスなどではイライラしている人に「あなた、心療内科かエステティックサロンに行きなさい」と言うそうです。エステティックサロンは心療内科と同じように心を軽くしてくれるところだと考えられているようです。

「マッサージをしてもらう」や「きれいにしてもらう」などという場所は、美容室や形成外科、治療院など色々あります。

その中で、お客様は、何故エステティックサロンにいらっしゃるのでしょうか。それは他の場所とは違う何かがエステティックサロンにはあるのだと思っています。

その何か違うものを私は大事にしていきたいのです。

それは、24歳の時にわたしがエステティックサロンへ行って、「なんて良いところだろう」

と思ったようなものです。まるで自分の家のような癒される場所だったという感覚です。孤独ではなく、不幸でもなくて、不安でもない場所。今はそういう場所がますます必要とされているように感じます。「本当に人がよくて、お節介で、人間が好き」というような人は少なくなり、人が安心できる場所は、私がサロンをやってきた27年もの間にもだんだんと少なくなってきています。人との関係は信頼や安心ではなく、契約であったり、クレームであったり、そういうものばかりが増えてきているように思います。

なんとか、当社のサロンは、ギスギスしたものにならないようにしたい。ホッとできる優しい場所であり続けたい。それも社長として考えなければいけない危機管理の一つです。

技術者にもお客様にもなりきる

私は自分が経営者ではなく、一顧客にもなりきることができます。そして施術もやっていましたので一エステティシャンでもあります。私は思いに引きずられずに、技術者にもお客様にもなりきることができます。

私はちょっとでも時間が空いた時は、色々なお店に行って施術をしてもらいます。ミスパりでもたくさんお金を使うのでいいお客さんでもあります。

客としてサロンに行った時は、お客様の気持ちになりきります。サロン側の都合ではなく、お客様の視点で「この案内の仕方は分かりにくい」「このスリッパはここの位置に置いてあるのはおかしいのではないか」と色々なことを見ています。

この前もフェイシャルの施術を受けに、当社のある店舗に行きました。私はたまたま体調が悪くて体が冷えていたのですが、ベッドに温マットが敷いてありませんでした。温マットはちゃんと数が揃っているはずでした。

聞いて見ると、暑いと言われたお客様がいらしたとかで、下げて片づけてしまっていたようです。しかし「寒いお客様もいるはずよ」とつい熱くなってしまいました。結局、全店に温マットを確認させ、足りないところは、補うように指示して、お客様の要望によって温マットを使ったり、下げたりすることにしました。

そうやって、社長としてだけでなく、エステティシャンとして、また、客の一人として、客観的に会社を見ることができるようにしたいと思っています。

『女性経営者賞』を受賞

私は二〇〇八年、第26回日刊工業新聞社主催優秀経営者顕彰『女性経営者賞』を受賞しました。エステティック業界では初の受賞でした。この賞は、毎年一人ずつ、優れた経営手腕によって、企業を発展に導き、併せて日本の産業経済と地域社会に大きく貢献した企業経営者を表彰するものです。

授賞理由は以下のようなものです。

○過去10年に渡り、年間百二〇％の売上を伸ばし続けた財務内容の健全性、日本初の男性エステ「ダンディハウス」のオープンを成功に導き、「ダンディハウス」をはじめ、女性専用エステティック「ミスパリ」、「やせる専門店 ミスパリダイエットセンター」ではサロンごとの業界初ISO9000マネージメントシステムの認証取得をはじめ、質の高いサロン運営を行ってきたこと。

○二〇〇四年にはＮＰＯ法人ソワンエステティック協会を設立、エステティシャンのための研修や学術会議、年間50回を超える老人ホームなどでのボランティア活動などエステティックの普及、健全な発展のための様々な活動を実施していること。
○二〇〇八年四月、大阪・名古屋に初のエステティック専門学校を開校、国家資格制度が確立されていない職業に社会的認知を得るために学校法人ミスパリ学園を設立。同年、東京大学大学院医学部研究室にて寄付講座『アドバンスト・スキンケアミスパリ講座』を開講。同研究室にて、エステティックの将来への発展を見据え、技術の有効性と安全性向上のための共同研究を開始したこと。
○メイドインジャパンのエステティックを携え、来春にはアジアに進出予定であること。

以上のような経営姿勢が評価され、受賞に至りました。

何よりもエステティックサロンの経営を通じ私達がやってきたことが、社会に認められたことをとても嬉しく思いました。

日刊工業新聞
Business & Technology
2008年(平成20年) 12 18 木曜日

第26回 優秀経営者顕彰

日刊工業新聞社が中堅・中小企業の優れた経営者を表彰する「優秀経営者顕彰制度」の第26回受賞者20人が決まりました。全国から推薦された候補者を選考委員会で審査した結果、最優秀経営者賞には松浦機械製作所（福井市）会長の松浦正則氏が選ばれました。

贈賞式は09年1月21日（水）に東京・飯田橋のホテルグランドパレスで行い、日刊工業新聞社から受賞者に表彰楯と副賞を贈ります。

（28面に受賞者の横顔）

最優秀に松浦氏　来月21日 贈賞式

《最優秀経営者賞》
松浦機械製作所会長　松浦正則氏（福井）
《女性経営者賞》
シェイプアップハウス社長　下村朱美氏（東京）

日刊工業新聞社

第26回優秀経営者顕彰

受賞20氏の横顔と「喜びの言葉」

女性経営者賞

下村《しもむら》 朱美《あけみ》氏　シェイプアップハウス社長（51歳）

《授賞理由》エステティックサロン経営大手で全国140店舗を展開。日本初の男性エステ、業界初のISOシステムの導入など、常に業界をリード。エステティシャン教育の重要性を唱え、NPO団体やエステ専門学校を設立するなど、エステの普及と発展に尽くしている。

《喜びの言葉》大変うれしく光栄に思います。私共の業界は大手企業の倒産など厳しい局面を迎えています。受賞が消費者の皆さまの業界への理解を深め、その健全な発展につながることを望みます。今後もエステ教育の質の向上や東京大学との美容効果の共同研究などを続け、世界に誇る日本のエステを築きたいと思います。

《会社概要》①エステティックサロン経営②学校法人ミスパリ学園理事長、NPO法人ソワンエステティック協会理事長③4000万円④800人⑤東京都港区赤坂6の6の3（03・3568・2531）

「女性経営者賞」の受賞記事。（日刊工業新聞）

6章　これからもシェイプアップハウス

お客様の期待にこたえ続けるシェイプアップハウスでありたい。エステティシャンの地位が向上して、自分の仕事に誇りを持てるように尽力したい。

エステティックの世界事情――サービスはアジア、知識はヨーロッパ

私は最高のエステティックを求めて、世界中のエステティックやスパを体験してきました。エステティックというと、昔はフランスが主流でしたが、今はインドネシアやタイがブームになっています。

ニューヨーク、パリ、エジプト、ドバイ、南アフリカ、スイス、上海……。世界中のホテルのスパではインドネシアのバリ出身のエステティシャン達が働き、バリニーズ・マッサージを行っています。

バリニーズ・マッサージというのは、手を交互に動かす揉撚式《じゅうねんしき》マッサージ法です。タイ古式マッサージというものもあります。これは、ストレッチを入れたマッサージ法です。また、ひじを使うハワイのロミロミも有名です。今は世界中がバリニーズとタイ古式マッサージ、ロミロミに染まっているようです。

もう少し細かく、世界中のエステティックを「技術」「理論」「サービス・接客」の3点から考えてみます

「技術」の面で考えると、タイにはタイ古式マッサージと呼ばれるストレッチを取り入れたマッサージがあり、インドネシアには捻じりながら圧を加える揉撚法《じゅうねんほう》のバリニーズ・マッサージがあります。

技術には誠実さや真面目さ、正直さ、優しさなどといったものが表われてきますから、そういった感覚をもった民族の方がお客様を丁寧に優しく扱おうとしますから、リラクゼーションには良いでしょう。

欧米はエステティシャンの資格も充実していますし、取得するためには2、3年学校に通わなければなりません。テキパキとした動きには、プロフェッショナルを感じます。また、科学的にきれいにするという感じを受けます。

反対に、アメリカのエステティックスクールなどでは、ガムを噛みながら施術をしている学生がいるくらいです。

「理論」ではイギリスやフランスが深いものを持っています。

ヨーロッパには、エステティック・ドクターという職業があります。エステティックは日本語では「審美」と訳されますが、エステティック・ドクターとはつまり、人を美しくするための医者のことです。

以前にウィーンやニューヨークで開かれた、エステティシャンの国際会議に参加したことがあります。その会議の参加者は3分の1がドクターで、発表は豊胸手術や隆鼻手術についてでしたので驚きました。

ですから、知識や理論面に関しては、アメリカ・ヨーロッパが進んでいると感じています。そして、「サービス・接客」から考えると、これはタイやインドネシア、ハワイなどが優れています。やはり観光客を誘致することが上手い所は、接客やプレゼンテーション力が優れていて、その場所ならではの心のこもったサービスと異国情緒を提供してくれています。

欧米ではプライドを持って働いている

なぜ欧米のエステティックは最高と言えないのでしょう?

欧米のエステティシャンはプロとしてのプライドを持って働いています。それはとても大切なことですが、私としてはやはり何か気になるところがあります。優しく思いやる心とでもいうのでしょうか。それが表現されていないので、効果も半減してしまうような気がするのです。

スイスの高級リゾート地グシュタードにパレスホテルという素晴らしいホテルがあります。そこのスパにも行きました。エステティシャンは白いシャツと白いパンツを着ていて、スポーツトレーナーのようでした。夫はタラソ・パックという海藻の全身パックをしました。パックを始める時は下着をパッと剥ぎ取って、片手でその海藻のパックを取り全身に伸ばしていく。そして、「ターンして下さい」と言って、反対側にもパックをサッサと塗ります。あまりにも機械的で無機質で夫がかわいそうに思えるほどでした。そして、パンパンッと大きなビニールで体を包んでしまう。「恥ずかしく、惨めな感じがした」と夫は言っていました。よく勉強していて間違いないことをするのですが、優しい思いやりが感じられないのです。

ニューヨークの超一流と言われるディスパでも、ボディトリートメントを申し込むと、ムキッとした力のありそうな女性がやってきます。ボディトリートメントをする技術者はそういう体格の人が多いのです。

そして「オッケー、カモン」とか言って、パーッと施術をします。よく訓練されていますし、筋肉やリンパの流れもよくわかっていて、良い施術をします。しかし、終わると「サンキュ」とか言って、さっと部屋から出て行ってしまう。

質問をすればちゃんと答えてくれるし、技術は完璧です。しかし、優しい思いやりは感じられませんし、エレガントとも言えません。

日本はすでに世界レベル

では日本のエステティックはどうか。きちんと教育を受けているエステティシャン達は、「技術」「理論」「接客」を総合してみると世界トップレベルだと思います。

技術はまだ、東南アジアの国々よりは熟練度が低いところがありますが、アメリカなどと比べると日本の方がずっと丁寧な技術ができています。ヨーロッパと比べてみても、日本が低いとは思えません。

日本のエステティシャンがヨーロッパに比べて劣っているところは就業年数が短く、若い人が多いところです。スイスのモントルーにあるラ・プレリーに滞在しエステティックを受けた時、「何年やっていますか」とエステティシャンに尋ねると、「私はまだ15年です」と答えました。日本では2、3年と答える人が多いのではないでしょうか。しかし、日本人は非常に真面目で手先も器用で丁寧な民族ですから、経験を積むだけですぐに追い抜けると思います。

また、日本は教育水準が全体的に高い国ですから、日本人は理論面においては劣るところはないように思います。

サービス・接客においても、日本はかなり質が高いといえます。

それは日本にはホスピタリティの伝統があることが大きいでしょう。ホスピタリティとは、おもてなしの心です。

茶を点ててお客様をもてなすのはサービスではなく、ホスピタリティです。この時、客人を招いた主人は客人と同等の立場にいます。同等の関係の中で、礼を尽くして、美味しいお茶を点て、きれいな茶花を生け、香をたいて、言葉には尽くせぬ豊かな時間を提供します。

ホスピタリティとサービスは似ているようで異なります。ただ跪いてお客様に必要以上にへつらうような事をしなくても、日本人は様々な気配を察して対等な関係でお客様をもてなすことができるのです。そのようなホスピタリティが日本の伝統の中にはあり、その精神は美を提供するエステティシャンにはぴったりのものです。

タイやインドネシアなどの暖かい国の人はゆっくりとした時間の中に生きていますから、のんびり幸せな感じでトリートメントをし、最高のサービスを提供しています。優しく微笑み、なんとも言えない気持ちよい技術を受けると、心も体も癒されます。しかしそれでは、サービスを提供するサーバントになりきってしまい、美を追求するエステティックというものとは、ちょっと違うような気がします。

茶道などのホスピタリティ精神は現在の日本では失われつつあります。ですから、日本古来の日本人が大切にしていたものを思い出し教育をすれば、世界のどこのエステティックやスパより優れた美のスペシャリストであるエステティシャンが完成すると思っています。

更に日本は美容機器も化粧品も高品質で、メイドインジャパンというだけで世界中の人々は信頼してくれています。そう言った意味では、世界的にも信用がありますから、そこに高品質な人の技術を融合させれば、まさに最高のエステティックサービスが出来上がります。

日本のエステティシャンを世界一のレベルまで持っていくことは難しいことではありません。もともと教育水準の高い日本人が世界レベルのエステティック教育を受け、ホスピタリティに磨きをかけ、それを高品質の機器や化粧品がサポートをする。シェイプアップハウスの社員を見ていると、彼女達や彼らにはできると思うのです。

世界のエステやスパは日本人ばかり

このように、日本のエステティックのレベルは世界的に見ても高いのですが、海外のスパに行くと、お客様は日本人がとても多いのに驚きます。

私の中ではスパとエステティックは多少違います。一般的には、美顔や痩身、脱毛など、常に効果を求めるのがエステティックです。一方で心身ともに癒すところがスパです。つまり、美容効果を追求するのがエステティックで、癒しを追求するのがスパといったところでしょうか。

当社が経営するスパ・ゲストハウスは技術の上手さに定評があり、技術では国内外の超高級スパと同等、もしくは上と自負しています。しかし、ホテルにある一般のスパとは一味違うスパです。癒しの提供だけでは満足できないのです。スパ・ゲストハウスは人間の免疫力を高める「長生きの秘訣」をトリートメントの中に入れ込んでいます。ミスパリやダンディハウスは効果を重視するエステティックサロンではありますが、海外のスパに劣らない居心地の良さも提供しています。

ところが、日本人はスパは海外の方が良いと思っているところがあります。これはとても残念なことです。

日本人女性はスパが大好きなので、特に外国へ行ったらスパに行かないといけないと思っている節があります。旅行中の楽しみのひとつとしてスパに行き、高額のお金を払って、スパを満喫しています。

ハワイでも上海でもイタリアでもドバイでもエジプトでも、どこのスパでも日本人だけ。ドバイの超高級ホテル『バージアルアラブ』のスパへ行っても、お客様の3分の2が日本人です。

確かに、スパのファンが増えるというのは嬉しいことですが、日本のスパ・ゲストハウスの方がもっと質の高いサービスをしてあげられるのに、と思ってしまいます。

多くの方達が、国内でもっと気楽に安心してスパやエステティックが受けられるようになれば、私達の市場はもっと広がります。技術も接客も衛生も、そして売り方もお客様が気楽に安心して来られるスパやエステティックを増やしたいと切望しています。

日本のスパを世界に広げたい

また、日本のこの素晴らしいエステティックが世界に知られていないことはとても残念なことです。そこで当社は海外に出店することを決め、二〇〇九年五月に香港にミスパリダイエットセンターをオープンしました。

エステティックミスパリではなく、ダイエットセンターにしたのは、痩身専門店というコンセプトがシンプルだからです。エステティックミスパリは美顔やボディ、脱毛、リラクゼーションなど、あらゆることをやっている総合エステティックサロンなので、数多くの技術を行います。技術と指導で効果を出し、接客力でなんとも言えない良い気分になれる「居心地の良さ」をサロンに作り上げなくてはいけません。しかし言葉や習慣の違う海外のサロンでエステティックミスパリを作り上げられるかどうか自信がありませんでした。

ダイエットセンターなら痩身専門店として、全てシステム化されたプログラムを行いますので分かりやすく、コミュニケーションもとりやすいのです。ですから、第1号店はダイエットセンターにしたのです。

しかし、もうすでに七月にはダンディハウスを出店し、そして八月には2店舗目のミスパリダイエットセンターがオープンしました。二〇一〇年にはマカオに出店予定です。マカオはスパで、ブランド名を「和スパ　ミスパリ&ダンディハウス」にしました。日本のスパを世界に売り出したいと思ったからです。マカオには多くの国の人が訪れますから、和スパを宣伝する良いチャンスです。その時に「和スパは素晴らしかった」という思いが残ったら、日本観光の目玉として日本のスパを利用してくれるかもしれません。

そうなったら、日本への観光客も増え、日本経済に多少は貢献できるかも知れません。また、日本のエステティシャン達が世界をまたにかけ大活躍する日がくるかもしれません。

世界一の長寿国である日本には人々が願ってやまない「長寿の秘訣」があると、私は思っています。そして、世界的にも美しいと言われる日本人女性の中には「美しさの秘訣」があり、更に日本文化の武道や禅、茶道、華道、香道などには、「心の安定や癒しの秘訣」そして、「美学」があると考えています。

私が卒業し、今、客員教授を勤めている京都の池坊短期大学の建学の精神は「和と美」です。これは600年の歴史と伝統を持つ池坊華道の根本理念でもあります。「和」とは個人の内面的な「調和」「温和」であり、生活環境・自然との「調和」「平和」を尊ぶ日本固有の精神です。そして、こうした「和」の世界観を表出する「美」が、華道を初めとする日本人の文化に表れているのです。

この「和の美」に惹かれる外国の方は多く、池坊の卒業生として、日本人として、これからも「和と美」のファンを増やしていきたいとも考えています。

このように、世界中の人々が願ってやまない長寿や美、癒しの秘訣は日本に古来からあり、それは日本のエステティックやスパの中に生きているのです。

今はまだ「日本のスパ」は世界的に知られていませんが、近い将来、私は世界を魅了する「メイドインジャパン」のスパやエステティックを確立することができると考えています。

「世界一受けたいエステを作る」のが私の夢なのです。

エステティックの良さを知ってもらいたい

「男がおしゃれをするなんて」と考えている人は、60歳以上ではまだ多いでしょう。「ダンディハウスにいらして下さい」と申しますと、「僕はもう年だから」「エステティックなんてする顔じゃないよ」とおっしゃる方がいます。

しかし、美しいことは尊いことなのです。美しい人は見るだけで気持ちがいい。素敵な男性を見たら、周りの人達はいい気持ちになります。

ですから、美しい女性も美しい男性も世の中を明るく、幸せにしてくれる人達なのです。格好いい男性をみているだけで晴れやかな気持ちになります。美しい女性もそうです。自分を美しく磨くということは、周りの人を幸せな気分にしてあげることに繋がるのです。化粧もせず、髪もボサボサで、一日中パジャマでいると、一番楽かもしれません。しかし、楽を選ぶより、いつも努めて美しくしているというのは、相手への思いやりではないでしょうか。

髪もお化粧もちゃんと整えて、身なりにも気を使って、美しくしていようとすることは、人に対して嫌な思いや不快な思い、また心配をさせないようにしようという優しさだと思います。

顔色が悪かったり、髪がボサボサのままだったり、体がむくんだりしていると、「病気なんじゃないか」「老けたなあ」とまわりの人の気持ちを暗くしてしまいます。

肌の色がくすんでいて、眼の下にくまを作って、やつれた顔でいたら、「会社が大変なのかな」「家庭が上手くいってないのかな」と人を心配させてしまいます。

肌に艶や張りがあって、引き締まった体が弾むように動いている人に会うと、こちらまで元気で明るい気持ちになります。自分が生きていることだけで周りを明るくし、希望やなんともいえない幸せ感を与えられる人がいます。

そんな、きれいな人、美しい人、というのはどのような人でしょうか。

それは清潔感という言葉にも置き換えられると思います。

例えば、無駄な脂肪やセルライトのある体、むくんだ脚、たるんだお腹、そこには清潔感は感じられません。シャキッとして無駄なものがついていない体に対しては清潔感や爽やかさを感じます。顔にしても血行が悪く、くすんでいたり、毛穴に汚れが詰まっていたり、むくんでいたり、たるんでいたり、にきびが赤く膿んだりしてしまっていては、与える印象がよろしくありません。きれいな肌にはやはり清潔感があるのです。それは爪にしても髪にしても同じです。

美しいと感じるのは清潔感であり、その清潔感を作り出せるのがエステティックなのです。

エステティックは心も美しくする

エステティックは美しくなりたい人を支えてきましたが、「エステティックで外見だけ磨いても仕方がない。人間は中身だ」という人もいます。

しかし、エステティックサロンに通って美しくなろう、格好良くなろうと積極的な考え方ができる人は、自らが自分の人生を明るく積極的に生きることができ、それがその人の人生を豊かにすることにも繋がっているのではないでしょうか。元々がそのような心をお持ちの方達なのですから、体や顔が美しく整えられていくうちに、エステティックを受けた喜びや満足感が体の美しさを更に増幅する自信に変わっているように思えます。

また、エステティックサロンに通うことでお客様の心に変化が起き、心が美しくなるということもあると思います。エステティックサロンに通うと、体重が減って痩せたりするのは当たり前のことですが、それだけではない変化がお客様に起こるのです。

サロンではエステティシャン達は、お客様の話を一生懸命に聴き、一生懸命に指導をし、一生懸命に技術を施して、お客様が喜んで下さることを一生懸命やりますが、その一生懸命さが、お客様を変えていきます。

例えば、業績が上がらない、夫婦関係があまり上手くいっていない、職場の人間関係に疲れた、お姑さんとの関係がこじれているなど、色々な悩みを持っている方がいらっしゃいます。そういう方達も通っているうちに、「ああ、若い人達がこんなに一生懸命、私のことを考えてくれる」「こんなに優しくされて嬉しい」と思うことで、優しい気持ちになられるようです。

そして、その気持ちは人に伝染するようです。優しくされると人にも優しくできるようになります。

会社の社長さんの中には、「エステティックサロンに通うことで心が癒され、社員に優しく接しられるようになり、そこから社員の士気があがって、業績が上がった」と感謝される方もいます。社長さんは全社員の幸せや会社の全責任を荷っている割には、優しくしてもらったり、誉めてもらったりすることがありません。

サロンに通ううちに、色々なことが上手くいくようになる方がとても多いのです。

お金をかけただけのことがある、というとちょっと語弊があるかもしれませんが、百万円かけてダンディハウスに通って、何十億円を手にした人もいます。

もしエステティックに行ってみようかどうしようかと迷っているとしたら、一度ミスパリやダンディハウスでお試しコースを受けてみるといいでしょう。少しだけエステティックサロンが分かります。お試しコースでは初めてのことで緊張もされるでしょうが、ご自分の思ってらっしゃることをできるだけ正直に話して下されば、担当のカウンセラーやエステティシャンはお客様に喜んで頂ける技術を提案できると思います。

エステティックは色々なことに影響を与えられる

こんなふうにエステティックという仕事は人を幸せにできる仕事だと思っています。しかも他に類がないほど、影響を与えることができるのです。

例えば講演をすると、その講演を聞いた人達の耳や目を通して影響を与えることができます。本を書く人達は、読んだ人の知力を通して影響を与えられます。絵を描く人は視覚によって影響を与えますし、食べ物屋さんは味覚や嗅覚、視覚によって影響を与えます。

エステティックのすごいところは、人間の五感の全てを通して影響を与えることができることです。

まず触れること。人に触れる仕事はなかなかありません。触れることによって、優しさや労《いたわ》りの気持を表現できますし、伝えることができます。もちろん、私達は手を通して体の中のアンバランスを知り、体や心のアンバランスを整えることもできます。そして、お客様と話すこともできますから、言葉でも勇気や励ましや様々なことが伝えられます。

また、エステティシャンの笑顔や、サロンに花を飾ったり、きれいで清潔なサロンを作ることで、視覚に影響を与えます。また、精油のよい香りが心地よい、アロマテラピーと呼ばれる芳香療法も取り入れていますから、嗅覚にも影響があります。いい音楽を流すことで聴覚に影響を与えることができます。そして、私達は施術が終わった後に、体に良くて美味しいハーブティをお出ししますから、味覚にも影響を与えていると言えるでしょう。

このようにエステティックでは人間の五感である視覚、聴覚、味覚、嗅覚、触覚の全てを通してお客様に影響を与えることができます。ですから、ミスパリやダンディハウスにいらっしゃる年間50万人のお客様に対しては、優しさや労り、励ましや勇気、心からのリラクゼーションを伝えながら、明るい気持ちや積極的な考えといったものを、柔らかに染みこませるような仕事ができているのではないかと思います。

私は、これがエステティックの仕事だと考えています。

肌がきれいになったり、痩せて美しくなったりするのは当たり前。美しくなることによって、お客様は自分に自信を持つことができて前向きに生きることもできるようになり、そして、五感の全てを通じて大切に癒されることで、人生までもよい方向に向いていくと思っています。

私達はルックス、つまり見た目をよくしながら、その人のものの考え方や生き方など、内面的なものに影響を与えることができる仕事をしていると思います。ですから、私達はエステティックという仕事を通して、世の中を明るく良い方向に変えていくこともできるのですから、そのことをとても誇らしく思っています。

今後もお客様第一主義を徹底

私達が今後、どんな事業にチャレンジしても、「お客様が第一」であるということは変わりません。

全ての事業はお客様が相手です。新しいお客様を増やすことも大事ですが、繰り返し、繰り返し、通って頂くお客様がいて下さらなければ、業績を著しく落とす結果となります。たとえ一時的に高額の申し込みを頂いても、効果の出せる施術や指導ができず、またお客様が楽しく通えるサロン作りがなされていなければ、私達の会社の寿命は短いものになってしまいます。

そうならないためにも、私達はお客様第一主義を貫いています。お客様のために技術力を高め、お客様のために品質のいい商品を選び、お客様のためにセンスの良いサロンを維持し、お客様の様々な希望に応えられるよう常に学び、繰り返しご利用頂くことに努めなければいけないと考えています。

また、新規で入会頂いたお客様が、どのような理由で私達のサロンを選んで通って下さるのかを知り、それを更に磨くことが大切です。

「技術が上手い」「効果が出る」「高品質の商品を使っている」「指導が専門的」「機械がすごい」「スタッフの感じがいい」「マナーが素晴らしい」「サロンが素敵」「客層がいい」「明るい」「優しい雰囲気である」「元気になれる」……。こういうことの一つ一つが私達の一番大切な売り物なのです。

また、今では私達のサロンはお客様が定期的に通って下さるサロンですが、このことに決して慣れすぎてはいけません。同じお客様が、繰り返し通って下さっている理由となる要素を、より優れたものにすることこそが大事だと思っています。

エステティシャンの地位向上とエステティックの未来

エステティックは「美学」だと考えています。美しいことは尊いことですから、「美しい人を作るエステティシャンの仕事は尊い」と私は思っています。ですから、もっとエステティシャンの地位が向上して、自分の仕事に誇りを持ってほしい、エステティシャン達にもっと幸せになってほしいと考えています。

そのために、私は二〇〇四年にNPO法人のソワンエステティック協会を設立しました。この協会はエステティシャンの地位の向上と、お客様が安心して通える健全なエステティックサロンの普及が目的です。

また、これまで27年間、シェイプアップハウスの企業理念である「心も体も美しく健やかな人づくり」を通して、お客様を増やし、化粧品を開発し、学校を作り、教育を受けたエステティシャンを増やすことにひたすら努めてきました。

そして、二〇〇九年、いよいよ世界進出が始まりました。まずは香港にミスパリダイエットセンター、続いてダンディハウスがオープンし、英語と広東語でのお客様へのご指導と接客が始まりました。香港のダンディハウスのオープン初日には、「大学時代、65kgの減量でダンディハウスにお世話になった」という香港在住のお客様が、8万ドルのお祝い入会をして下さいました。今は結婚もなさり、40歳近くになっておられました。翌日も元会員様が10万ドルでお祝い入会して下さいました。ダンディハウスのお客様は、私達が信じ願っていた通り、世界を股にかけて大活躍されていました。

二〇一〇年春には、マカオに「和スパ ミスパリ&ダンディハウス」をオープン予定です。私は近い将来、メイドインジャパンのエステティック「和スパ」を作り上げ、日本のスパを受けたいと憧れる人を世界中に増やしていきたいと思っています。「癒しとビューティはメイドインジャパンで!」となれば、日本の経済成長に少しは貢献できるのではないかと考えています。

このように少しずつ進んできましたが、それでもまだ日本では色々なサロンが存在し、トラブルや倒産も多く、悲しくなる時もあります。エステティックに興味はあっても、まだサロンには行ったことがないという人はたくさんいると思います。値段が高いだろうか、ローンの勧誘がしつこいのではないか、肌が荒れないかという心配もあるでしょう。

そうやって興味がありながらもエステティックサロンに来て頂いていない未来のお客様の不安を取り除き、エステティックの良さを知ってもらうこと。そしてすでにエステティックを好きになって下さったお客様にはもっとエステティックを好きになってもらう努力をすること——お客様の声に耳を傾けていると、私はまだまだやらなければならないことがたくさんあるように思うのです。

シェイプアップハウスの沿革

一九八二年九月　シェイプアップハウス難波店（大阪市）オープン
八四年三月　法人改組、（株）シェイプアップハウス設立
八六年十月　日本初の男性専用サロン、ダンディハウス梅田店（大阪市）オープン
九〇年九月　エステティシャン養成スクール「ミス・パリインターナショナルスクール」開校
九五年九月　全国展開スタート
二〇〇〇年四月　女性専用サロン名を「シェイプアップハウス」から「エステティックミスパリ」に変更
〇四年九月　世界共通の品質管理と保障の基準であるISO9001:2000を取得
〇五年三月　ダンディハウスのイメージキャラクターにリチャード・ギアを起用
五月　代表取締役下村朱美　世界優秀女性起業家賞　受賞
九月　リラクゼーションスパ「スパ・ゲストハウス」オープン
十二月　やせる専門店「ミスパリダイエットセンター」オープン。ミスパリエステ

ティックスクールが二〇〇五年度資格認定者数全国第1位で表彰される。
○六年九月　エステティックミスパリがオリコンのエステ顧客満足度調査で8部門中4部門で1位を獲得
○七年一月　ミスパリエステティックスクールがエステ・スクールランキングで総合1位
三月　ダンディハウスがオリコンのエステ顧客満足度調査で全国1位を獲得。ダンディハウスイメージキャラクターに桑田佳祐（サザンオールスターズ）を起用。エステティックミスパリ、ミスパリエステティックスクールイメージキャラクターに藤原紀香を起用。
十月　代表取締役下村朱美がミス・インターナショナル世界大会の審査員に就任
○八年二月　〝美と癒しのパビリオン〟ミスパリシャトー名古屋誕生
四月　東京大学との共同研究開始。東京大学と共同で〝スキンケアを科学する〟「アドバンストスキンケア　ミスパリ講座」を開設
学校法人ミスパリ学園　ミスパリエステティック専門学校開校
十二月　代表取締役　下村朱美が日刊工業新聞社主催第26回優秀経営者顕彰『女性

経営者賞』受賞

二〇〇九年四月　代表取締役下村朱美が、池坊短期大学客員教授に就任

五月　海外初出店「ミスパリダイエットセンター・香港セントラル店（中環店）」オープン

七月　ダンディハウス　香港セントラル店（中環分店）オープン

一〇年四月　学校法人ミスパリ学園　ミスパリビューティ専門学校　開校予定

シェイプアップハウス　グループ

(株)シェイプアップハウス

- 男のエステ　ダンディハウス
- 女のエステ　エステティック ミスパリ
- やせる専門店　ミスパリ ダイエットセンター
- スパ・ゲストハウス

(株)ミス・パリ

- ミス・パリ コスメティックス
- ミス・パリ ヘルスフーズ
- ミスパリ エステティックスクール
- ミスパリ スタッフサービス

学校法人ミスパリ学園

- ミスパリエステティック専門学校（大阪）
- ミスパリエステティック専門学校 名古屋校
- ミスパリビューティ専門学校（東京）

ダンディハウス&ミスパリの秘密

二〇〇九年十一月十日　初版第一刷発行

著　者　下村朱美
装　丁　山本ミノ
構　成　桜井千穂
発行者　宮島正洋
発行所　株式会社アートデイズ
〒160−0008　東京都新宿区三栄町17 V四谷ビル
電　話　（〇三）三三五三−二二九八
FAX　（〇三）三三五三−五八八七
http://www.artdays.co.jp
印刷所　図書印刷株式会社